DES

ALIÉNÉS
CRIMINELS

THÈSE POUR LE DOCTORAT

L'acte public, sur les matières ci-après, sera soutenu,
le Samedi 22 Décembre à 1 heure.

PAR

B. MARCOVICI

Président : M. SALEILLES.

Suffragants : { MM. LAINÉ, CHÉNON, } *Professeurs.*

PARIS

LIBRAIRIE NOUVELLE DE DROIT ET DE JURISPRUDENCE

ARTHUR ROUSSEAU

ÉDITEUR

14, rue Soufflot, et rue Toullier, 13

1900

THÈSE

POUR LE

DOCTORAT

BIBLIOTHÈQUE NATIONALE — R. F. — IMPRIMÉS

8° F
12538

La Faculté n'entend donner aucune approbation
ni improbation aux opinions émises dans les
thèses ; ces opinions doivent être considérées
comme propres à leurs auteurs.

UNIVERSITÉ DE PARIS — FACULTÉ DE DROIT

DES

ALIÉNÉS CRIMINELS

THÈSE POUR LE DOCTORAT

*L'acte public, sur les matières ci-après, sera soutenu.
le Samedi 22 Décembre à 1 heure, -*

PAR

B. MARCOVICI

Président : M. SALEILLES.

Suffragants : MM. LAINÉ.
CHÉNON, *Professeurs.*

PARIS

LIBRAIRIE NOUVELLE DE DROIT ET DE JURISPRUDENCE

ARTHUR ROUSSEAU

ÉDITEUR

14, rue Soufflot, et rue Toullier, 13

1900

INTRODUCTION

L'idée que l'homme répond de ses actes est aussi ancienne que le monde : de tout temps et partout, elle a été considérée comme la base même du droit. Mais quel est le fondement de la responsabilité pénale? Quelles conditions la société doit-elle exiger de celui qu'elle punit, à propos de l'acte qu'elle lui impute et dont elle veut le rendre responsable?

Voici quels sont, dans la plupart des législations actuelles, les concepts et les faits psychologiques compris dans l'idée de responsabilité, et quelles conséquences en résultent.

Tout d'abord, on distingue, dans l'analyse de l'idée, la responsabilité sociale ou externe, d'avec la responsabilité morale ou interne. Comme individus, isolés, par hypothèse, du milieu social. nous répondrions de nos actes, même s'ils restaient cachés et échappaient à toute sanction extrinsèque ; nous répondrions de nos intentions, même si elles étaient inefficaces par des circonstances indépendantes de notre volonté. La responsabilité individuelle serait donc irréductible. antérieure à la responsabilité sociale et distincte de cette responsabilité, mais cela supposerait un certain nombre de conditions ou de postulats essentiels. La première serait l'existence d'une loi morale. supérieure à l'homme. La seconde serait la notion du libre arbitre, c'est-à-dire d'un pouvoir égal de choisir entre une volition ou une autre. Enfin, la troisième serait la personnalité : c'est-à-dire qu'un individu ne doit être responsable que s'il a conscience de l'identité et de la permanence de son être. De ces trois données : loi morale, libre arbitre et personnalité, résulteraient, comme conséquences, le mérite et le démérite, et, quand l'ordre social aurait été troublé, la réparation et la sanction sociales.

Telle est la *théorie traditionnelle*, qui est encore, à l'heure actuelle, la théorie légale. En effet, l'agent qui a commis le fait matériel qui constitue l'infraction à telle disposition de la loi pénale, ne peut en être responsable que s'il a compris qu'il faisait mal et s'il a librement agi. L'intelligence et la liberté de l'agent sont donc des éléments constitutifs de toute infraction. Par *intelligence* ou discernement, il faut entendre la faculté de discerner l'illégalité, au point de vue pénal, de l'acte qu'il s'agit d'imputer ; avoir agi avec intelligence, c'est avoir fait usage de cette faculté dans l'acte particulier dont on est l'auteur. Par *liberté* ou volonté, il faut entendre la faculté interne (libre arbitre) de vouloir ou de ne pas vouloir, de se déterminer sans y être contraint à accomplir ou à ne pas accomplir un acte ; et la faculté externe d'agir ou de ne pas agir, de faire ou de s'abstenir. En déclarant un individu coupable d'une infraction, la justice pénale affirme, par cela même, que cet individu a pu comprendre l'illégalité de l'acte qu'il commettait, que, cependant, il a voulu, ou, tout au moins, n'a pas employé sa volonté à l'éviter, et que, par conséquent, il est en faute. Le droit criminel moderne repose donc, avant tout, sur la notion de la liberté, considérée comme une condition essentielle de la responsabilité légale. Mais il ne considère cette notion qu'à un point de vue empirique. Il ne discute ni avec les matérialistes et les déterministes qui la nient, ni avec le spiritualisme qui l'exagère ; il prend, pour point de départ, ce fait d'observation qu'à dater d'un certain âge, l'individu a acquis une somme de facultés physiques et psychiques suffisante pour reconnaître, dans un cas donné, l'importance légale d'un acte, et pour se déterminer à le commettre ou non. Quant à la peine, le système de l'école classique se résumait dans cette formule : la peine devait être la même, car la responsabilité était la même. C'était un système de responsabilité toute objective, appréciée, par le mal extérieur qui avait été produit et nullement d'après l'état d'âme de celui qui l'avait produit.

II. — Une nouvelle école, fondée il y a quelque vingt ans, n'a pourtant pas hésité à baser sa doctrine sur la négation absolue du libre arbitre. Nous voulons parler de l'*Ecole Italienne* dont Lombroso, Ferri et Garofalo sont les principaux chefs.

Cette nouvelle doctrine se présente comme devant renouveler le droit pénal. Elle reproche tout d'abord à l'Ecole classique ses résultats désastreux, l'augmentation considérable du nombre des crimes, l'accroissement constant du nombre des récidivistes. Cela prouve surabondamment, d'après Garofalo, que l'ancienne méthode est mauvaise et qu'il convient d'opérer autrement. Ce n'est plus le crime qu'on devra considérer. dit-on, c'est le criminel qu'il faudra étudier, et cela sans aucune idée morale préconçue. Il importe donc d'employer la *méthode d'observation*, la *méthode expérimentale*. Et, en effet, la nouvelle école s'est attachée à l'étude de l'homme criminel (*anthropologie criminelle*); mais elle ne s'est pas bornée là : elle s'est occupée également du milieu criminel (*sociologie criminelle*). A quels résultats a-t-elle abouti ? Elle a cru découvrir l'existence d'un type criminel, constitué par certaines anomalies (anatomiques, physiologiques, pathologiques, etc), que Lombroso décrit dans un livre tout entier (1).

Le criminel serait un homme anormal, la criminalité constituerait un état pathologique, un état morbide analogue à l'aliénation mentale. Mais d'où pro-

____

(1) L'uomo delinquente.

viendraient ces anomalies ? De régression atavistique, d'après les uns ; de dégénérescence, d'après les autres. Dans tous les cas, il y aurait là un état constitutionnel qui ne serait pas susceptible de guérison.

Au début, l'Ecole Italienne avait cru pouvoir se contenter d'un type unique pour tous les criminels ; mais elle s'aperçut bien vite qu'il fallait établir des classifications (criminels-nés, criminels d'habitude, d'occasion, etc). On distingue surtout les *criminels-nés*, c'est-à-dire ceux qui sont poussés au mal par une force irrésistible, et les *criminels d'occasion*, c'est-à-dire ceux sur lesquels les circonstances extérieures exercent une influence prépondérante. C'était déjà une atténuation portée à la loi de l'hérédité par Pini et Garofalo qui n'admettent pas que l'atavisme soit le seul facteur de la criminalité, et estiment, au contraire, que le milieu tient une place considérable. Si la théorie n'est pas sensiblement modifiée par ce nouveau point de vue, il n'en faut pas moins reconnaître que, si l'on admet l'influence du milieu. on pourra, en modifiant les conditions sociales. atténuer, sinon détruire, les prédispositions au crime, on pourra diminuer le nombre des crimes. Au législateur, il appartiendra de changer le milieu pour prévenir le mal (substitutifs pénaux de Ferri) ;

. Les procédés d'observation de l'Ecole anthropologique lui ont permis de rejeter absolument l'existence de la liberté morale (base de l'Ecole classique), qu'elle considère comme une illusion, une erreur. Toutefois, si la liberté morale n'existe pas pour l'homme, celui-ci n'en a pas moins une *responsabilité sociale*. La société est un organisme qui a le droit de vivre et d'éliminer tout ce qui s'oppose à sa vitalité. Or, le criminel est un individu non assimilable, parce qu'il ne possède pas les éléments constitutifs du fonds social, c'est-à-dire, d'après Garofalo, la pitié et la probité. Il s'agira de chercher le critérium de perversité naturelle de l'agent et de frapper ensuite. Mais, quand la société aura découvert les anomalies constitutives du type criminel, pourra-t-elle, sous prétexte de danger social, s'emparer de l'individu anormal pour le mettre hors d'état de nuire ? Cela eût été logique : mais personne cependant n'a osé le soutenir. « Si soucieux que l'on puisse être de la sécurité so- encore courir le risque d'être volé que celui d'être mis sous les verrous sur la mine, et uniquement parce que la nature vous aurait doué d'une mâchoire, d'une lèvre ou d'un crâne réalisant le type criminel décrit par Lombroso. Dans la vie en société, comme partout, il y aura toujours des risques à courir ; il faut savoir les accepter. Le tout est de trouver le moindre risque social. Si, par peur des crimes, on

---

(1) Voir le beau livre de M. Saleilles : « l'*Individualisation de la peine,* » p. 112.

confisque la liberté, où sera le gain ? La société ne doit pas seulement nous garantir la vie et la propriété, mais aussi le moyen de nous en servir. Si, pour assurer la vie et la propriété, elle risque de nous enlever toute possibilité d'en user librement, le risque social à courir est bien autrement grave que celui des dangers individuels qui nous menacent. Contre ces derniers, avec plus ou moins de prudence, on arrive à se garantir ; contre le danger d'une main-mise de l'État ou de la police on est impuissant ; et c'est là ce qui fait les individus sans initiative ni courage, et par suite les peuples en décadence. Donc, avant tout, défions-nous d'un régime de suspicion, qui, pour vouloir nous mettre à l'abri de tous les coups, nous menacerait incessamment du plus terrible de tous, une accusation sur la mine ». Il faut donc attendre que la crise éclate. Et alors, en quoi consistera la répression. Ici encore, nous rencontrons des données en contradiction avec celles de l'École classique. La nouvelle doctrine italienne trouve la justification de la peine dans l'idée de *défense sociale*, indépendamment de toute responsabilité morale de l'agent, dont on ne mesure que le degré de *nocuité sociale*. La répression ne doit avoir aucun caractère déshonorant, puisque la perversité est un état de nature. La peine, que l'École anthropologique regarde comme *la source la plus féconde de la criminalité*, est rejetée comme mode d'expiation, d'intimidation et d'amendement ; elle ne sera qu'une me-

sure de séquestration analogue à celle que l'on em-
ploie à l'égard des aliénés. La question sera de choisir le mode convenable : *élimination absolue* (non pas
la mort, mais la séquestration perpétuelle) pour les
inadaptables ; *élimination relative* pour les autres. Quant
au *criminel d'occasion*, on emploiera contre lui des
moyens de correction pour l'obliger à réparer le mal
accompli.

Le bruit fait autour de cette nouvelle doctrine par
ses partisans a donné lieu à plusieurs Congrès qui ont
été tenus à Rome (1885), à Paris (1889), à Bruxelles
(1892), et à Genève (1896). L'existence du *type criminel*
a été éloquemment réfutée, au Congrès de Paris, par
M. le professeur Brouardel. En 1892, la théorie italienne subit un échec complet à Bruxelles, et, au
Congrès de Genève (1), Lombroso atténua lui-même
sa doctrine, en avouant que la criminalité ne serait
pas toujours incurable, et que, dans la moitié ou le
tiers des cas, tels individus auraient pu être des criminels, s'ils n'avaient pas suivi une bonne direction.

Que devons-nous penser de ces théories? Il faut
rejeter, sans hésiter, leur principe, tout en profitant
de leurs observations. Leurs données philosophiques
sont absolument fausses ; elles supposent, en effet :
1° Que la conscience n'est pas innée chez l'homme ;
2° Que la nature criminelle d'un individu est démontrée

- (1) Voir le discours de M. Lejeune (*Rév. pénit.* 1896, p. 1231).

par ses difformités physiques ; 3° Que le milieu social exerce sur la volonté une pression irrésistible.
Les résultats pratiques de ces paradoxes seraient : le
délit nécessaire ; la confusion des criminels avec les
fous ; le remplacement de la justice par un jury médical, pour les anthropologistes ; la suppression de la
responsabilité individuelle et son remplacement par
la responsabilité de la société pour la sociologie criminelle.

Nous ne mettons pas en doute l'innéité de la conscience. L'éducation peut l'affiner, mais elle ne la crée
point. Il n'est pas démontré que l'homme primitif
fut le jouet de ses passions. Les sourds-muets, qu'on
peut à juste titre comparer à cet homme primitif,
lorsqu'ils n'ont pas les moyens d'échanger leurs idées
et de profiter ainsi de la morale des autres, ont été
l'objet d'observations minutieuses qui ont démontré
chez eux l'existence de la conscience sans le secours
de l'éducation. Nier le libre arbitre, n'est-ce pas
d'ailleurs nier le principe même du droit ? Entre l'idée
de liberté morale et celle de responsabilité, il y a
un lien étroit : sans libre arbitre, on ne pourrait s'en
prendre à l'homme de ses propres actions : il faudrait
accuser la force des choses, la fatalité. Toutes les re-
lations sociales reposent sur cette idée que nous
sommes libres et que ceux qui entrent en relation avec
nous le sont également. L'éducation ne donne point
ce sentiment ; il existe chez l'homme dépourvu de

toute culture intellectuelle ; c'est un sentiment naturel, universellement ressenti ; donc il est vrai.

L'influence des milieux est indéniable ; mais il n'est pas démontré qu'elle soit irrésistible ; avec une volonté plus ferme. il est toujours possible d'éviter le délit.

Quant aux particularités physiques que l'anthropologie criminelle a cru reconnaître chez les criminels, ou bien elles se rencontrent chez des personnes parfaitement honnêtes, ou bien on ne les retrouve qu'en nombre très variable et sur un groupe très restreint de criminels (1).

Malgré tout cela, « il faut être reconnaissant, très reconnaissant à l'Ecole Italienne d'avoir.... substitué l'individualisation fondée sur la nature de l'agent à l'individualisation néo-classique fondée sur la responsabilité..,. ; — d'avoir montré, par sa logique imperturbable. jusqu'où doivent conduire les déductions à

----

(1) Lombroso relevait comme signes caractéristiques du criminel : 1° le *sinus frontal*, qu'il disait avoir trouvé chez 67 °/₀ des délinquants ; 2° l'asymétrie crânienne chez 47 °/₀ ; 3° la dégénérescence organique. Or, des observations récentes et plus contrôlées n'ont fait découvrir le premier de ces signes que chez 13 °/₀ des sujets ; le second, chez 12 °/₀ ; quant à la dégénérescence organique, on a observé qu'en Lombardie, partie de l'Italie, où existent le plus de lépreux, de crétins, d'aliénés, d'alcooliques, il y a en même temps le moins de criminalité. — En outre, un nez retroussé dénoterait le voleur, d'après Lombroso ; un nez crochu, l'assassin. Or, beaucoup de criminels débutent par le vol et finissent par l'assassinat. Ont-ils pour cela changé de nez ? dit, fort spirituellement, M. le Dr Dubuisson.

tirer du déterminisme absolu. et de nous avoir, par
suite, nettement éclairés sur ce que serait le droit
pénal de l'avenir si cette philosophie pratique se subs-
tituait jamais chez les masses au sentiment traditionnel
et à la conception populaire ; — d'avoir élargi la conception de la fonction judiciaire en matière pénale
et d'avoir, enfin, fait admettre que le juge n'est pas
le distributeur mécanique d'une peine légale, mais
qu'il a à remplir une fonction de politique criminelle
pour laquelle, en effet, la peine, en tant que peine,
ne suffit pas toujours, et qui doit se compléter par
l'admission de mesures d'éducation et de prévention
mises à la disposition du juge. Enfin, il faut lui être
reconnaissant de tous les problèmes qu'elle a soulevés,
de toutes les questions qu'elle a remuées, et surtout
d'avoir produit des œuvres, comme la Criminologie
par exemple de Garofalo, qui est bien, pour les jurisconsultes, tout autant que pour les sociologues, l'une
des productions les plus caractéristiques et les plus
suggestives de la littérature pénologique de notre
temps, l'une de celles qui suggèrent le plus d'idées
neuves et qui puissent rendre le plus de services pour
la réforme de nos vieilles législations criminelles (1). »

III. — *Théorie de M. Tarde.* — M. Tarde trouve
le fondement de la responsabilité pénale dans la com-

______

(1) Saleilles, *Op. cit.* p. 122 et 123.

binaison de deux notions distinctes : l'*identité indivi-duelle* et *la similitude sociale*. La première consiste dans la permanence de la personne : si un fou n'est pas responsable, c'est parce qu'il ne possède pas cette identité, parce qu'il n'est plus lui-même. « Pour que mon acte me soit imputable, dit l'éminent sociologue, la première condition est qu'il appartienne à ma propre personne ; ce n'est pas le cas des actes produits sous le coup des maladies de la volonté et de la personnalité, quand une sorte d'âme parasite qui traverse et trouble, comme une comète, mon moi intérieur, périodique et réglé, vient rompre l'unité de son système (1). » La seconde notion consiste dans un certain fonds de ressemblance nécessaire entre les individus pour qu'ils se sentent responsables les uns envers les autres : en d'autres termes, il faut que l'auteur et la victime soient plus ou moins compatriotes sociaux, qu'ils présentent un nombre suffisant de ressemblances d'origine sociale. « Pour que je juge un individu responsable d'une action criminelle commise il y a un an, il y a dix ans, me suffit-il de croire, dit M. Tarde (2), qu'il est identiquement l'auteur de cette action ? Non, car j'aurai beau porter le même jugement d'identité à propos d'un meurtre commis sur un Européen, par un sauvage d'une île nouvelle-

----

(1) Tarde, l'*Idée de culpabilité*. (Rev. des Deux-Mondes, 15 juin 1891, p. 849).

(2) Tarde, *Philosophie pénale*, 1890, p. 88.

ment découverte, je n'éprouverai pas ce sentiment
d'indignation morale et de vertueuse haine que m'ins-
pirerait un acte pareil exécuté par un Européen sur
un autre Européen, par un insulaire sur un autre insulaire. Une condition indispensable, donc, pour que
le sentiment de la responsabilité morale et pénale s'é-
veille, c'est que l'auteur et la victime d'un fait soient
plus ou moins compatriotes sociaux, qu'ils présentent
un nombre suffisant de ressemblances d'origine sociale, c'est-à-dire initiative..... Chez tous les peuples,
tels que les anciens Égyptiens, les Romains, les Chi-
nois, les Anglais, où, d'une part, l'assimilation des
individus les uns aux autres, l'homogénéité sociale,
est profonde, et où, d'autre part, la foi en l'identité
de la personne est poussée jusqu'au dogme de l'âme
immortelle, on voit les concitoyens, dans leurs rapports mutuels, se sentir profondément responsables
de leurs fautes et de leurs dettes. »

Cette théorie ingénieuse a été fort éloquemment
réfutée par M. Ferri, qui s'exprime en ces termes (1) :
« D'abord, quant à l'identité personnelle, nul homme,
fou ou non, n'est jamais identique à soi-même. L'idée
d'une personnalité, toute d'une pièce, qui reste identique à soi-même chez l'homme normal et se dédouble
ou s'aliène chez l'homme fou, est absolument anti-
scientifique. Pour la personnalité, telle qu'elle se

____

(1) Ferri, *Sociologie criminelle*, p. 338 et s.

trouve à un moment donné de la vie individuelle, l'observation vulgaire nous montre combien le moi normal a peu de cohésion et d'unité. A part les caractères tout d'une pièce, (au sens rigoureux du mot, il ne s'en trouve pas), il y a, en chacun de nous, des tendances de toute sorte, tous les contraires possibles, et, entre ces contraires, toutes les nuances intermédiaires, et, entre ces tendances, toutes les combinaisons. C'est que le moi n'est pas seulement une mémoire, un emmagasinement de souvenirs liés au présent, mais un ensemble d'instincts, tendances, désirs, qui ne sont que sa constitution innée et acquise, entrant en action. Pour la personnalité dans sa formation évolutive, il est aussi indubitable qu'elle change de minute à minute dans ses éléments constitutifs physio-psychiques et dans leurs combinaisons, quoiqu'elle conserve une certaine persistance... C'est donc dans un sens trop inexact et relatif qu'on peut parler « d'identité personnelle » ; tandis qu'il est évident que le criminel d'occasion, ou par passion, de même que le criminel-né, ne peut jamais être identique à soi-même avant et après le crime. Ce premier élément de la responsabilité morale est, donc, non seulement dénué de toute valeur scientifique, mais est aussi si incertain et si ondoyant qu'il ne peut être le fondement d'une fonction sociale si quotidienne, et à laquelle sont nécessaires des critériums sûrs et objectifs, comme celle de la défense sociale contre le crime.

Et l'autre élément de la similitude sociale n'a pas plus de solidité scientifique…. Les données de la biologie et de la psychologie criminelle prouvent que tous les criminels, (surtout les auteurs de délits naturels), à quelque catégorie qu'ils appartiennent, sont plus ou moins anormaux, c'est-à-dire plus ou moins dissemblables à leurs compatriotes normaux… Et il n'est pas exact non plus de dire, avec M. Tarde, que la peine, pour être infligée, ait besoin d'une ressemblance sociale. Si demain un australien, ou bien un zoulou venu parmi nous, commet un meurtre, qui voudra dire qu'il est irresponsable? Et cependant il n'est que trop dissemblable à nous. Un anthropophage, disait finement M. Manouvrier, qui viendrait chez nous manger un petit parisien, aurait beau dire par l'organe de son avocat qu'il n'appartient pas à la même société que ses accusateurs et que sa victime; je ne sais comment agiraient les hommes de loi, mais je suis certain que l'indignation publique serait vive et qu'elle se traduirait par des actes violents.

IV. — *Terza Scuola*. — Entre l'Ecole traditionnelle classique et l'Ecole Italienne, une *Terza Scuola*. ou école mixte, offre son arbitrage. Elle admet, avec Kant, que la liberté et la responsabilité sont des postulats de la loi morale, et, par conséquent, sont des vérités certaines, dont nous sommes assurés par la raison pratique, mais elle déclare ces notions inconnaissables au point de vue de la raison spéculative. Il y aurait, par suite, une contradiction entre la science et la conscience : les déterministes auraient raison suivant la science ; les spiritualistes, suivant la conscience. La conséquence de ce point de vue c'est qu'il faut séparer la responsabilité *subjective*, dont nous ne pouvons rien savoir, de la responsabilité *objective*, et tenir uniquement compte, dans le jugement du délinquant, du danger que son exemple peut faire courir à la Société.

Quant à la peine, elle lui conserve sa double fonction d'exemplarité et d'intimidation. La Terza Scuola reproche à l'École Italienne d'assimiler les criminels aux fous ; pour ces derniers, il est évident que la peine n'a pas de raison d'être, et qu'on ne prévient pas la folie par voie d'intimidation, mais il en est autrement du crime. Et puis, ne faut-il pas tenir compte de l'opinion générale qui considère la peine comme une satisfaction donnée à la moralité publique, indignée devant le crime? La peine aura donc un double résultat : maintenir les honnêtes gens dans la bonne voie et effrayer les criminels (1).

---

(1) Sur cette école, Voir Carnevale, *Della pena nella scuola classica e nella criminologia positiva e del suo fundamento razionale*, et B. Alimena, *Naturalismo critico e diritto penale* (1892), reproduit dans : *I limiti e i modificatori dell' imputabilita* (vol. I, 1894, Introduzione).

CHAPITRE Ier

DE LA DÉMENCE COMME CAUSE D'IRRESPONSABILITÉ

---

§ I. — Principe de l'irresponsabilité.

I. Article 64 du Code Pénal. — II. Son utilité.
III. Quand il y a démence ?

I. — La responsabilité n'existe qu'autant que l'individu a agi avec intelligence et liberté. Par conséquent tout fait de nature à supprimer ces deux facultés exclut en même temps la culpabilité. C'est ce qu'a très bien dit, dans la discussion de l'article 64 du Code Pénal, l'orateur du tribunal, M. Faure, qui s'est exprimé en ces termes : « Une règle commune à tous les prévenus soit du fait principal, soit de complicité, est qu'on ne peut déclarer coupable celui qui était en état de démence au temps de l'action, ou qui, malgré la plus vive résistance, n'a pu se dispenser de céder à la force. Tout crime ou délit se compose du fait et de l'intention. Or, dans les deux cas dont nous

venons de parler aucune intention criminelle ne peut
avoir existé de la part des prévenus, puisque l'un ne
jouissait pas de ses facultés morales, et, qu'à l'égard
de l'autre, la contrainte seule a dirigé l'emploi de ses
forces physiques.

Le Droit Romain considérait déjà la démence
comme une cause de non-imputabilité. Modestin (1)
déclare que « le fou est excusé par son malheur » ;
les empereurs Marc et Commode disent dans un res-
crit que « le fou est assez puni par sa folie (2). »

Dans l'ancien droit, la folie fut considérée, tout au
plus, comme une cause d'allègement. d'exemption de
peine. Mais jamais, on n'admit qu'elle fût une cause
d'irresponsabilité. Muyart de Vouglans nous dit que,
devant les juges, l'insensé convaincu était frappé de
la peine ordinaire, que le Parlement seul se réservait
de tempérer ou de supprimer sur l'appel, et, en
cas de crimes atroces, de maintenir même à titre
d'exemple (3).

Le droit intermédiaire est resté muet sur la question ; mais il n'est pas douteux que, devant les juridictions répressives, la démence pouvait être proposée
et admise, à l'occasion de l'examen de l'intention
coupable. Ce fut du reste à cette époque que, grâce
surtout au fondateur de la médecine mentale, le

(1) L. 12, D., Ad leg. Comeliam de Sicariis.
(2) L. 14, D., De off. praes.
(3) Lois criminelles, liv. I, titre V, chap. 1, § 2, n° 9.

Dᵣ Pinel, on comprit que la folie était une altération de l'organisme humain, tout comme les autres
maladies.

Le Code Pénal de 1810, sous l'influence de cette
idée, dit expressément, dans l'article 64 qu' : « Il n'y a
ni crime ni délit, lorsque le prévenu était en état de
démence au temps de l'action... » Il faut remarquer
que cette formule est plus énergique que celle de l'article 66, concernant le mineur qui a agi sans discernement, et qui dit « il (le mineur) sera acquitté ».

II. — Mais on peut se demander s'il était bien nécessaire de faire une disposition spéciale pour déclarer
que la démence est une cause de non culpabilité.
Les juridictions ont à apprécier la culpabilité ; or, la
culpabilité comprend un élément matériel, un rapport
entre l'agent et le fait, et un élément intellectuel, qui
est la pleine intelligence du prévenu. Et, par le fait
même que la juridiction s'est prononcée sur la culpabilité, elle s'est prononcée sur l'état mental du prévenu. Que peut donc bien signifier l'article 64 ?

a). — On pourrait dire que ce texte indique que,
parmi toutes les altérations possibles des facultés
mentales, la loi n'accepte que la démence proprement
dite, comme étant de nature à supprimer la responsabilité. Il y a, en effet, des états de morbidité passa-
gère, tels que l'ivresse, le somnambulisme, etc. ; la
loi, dit-on, aurait voulu exclure ces autres états : c'est

ce qu'ont prétendu différents arrêts (1). Mais cette interprétation est aujourd'hui universellement rejetée, car le jury ou le tribunal peuvent, par le fait même qu'ils sont juges de la culpabilité, admettre, comme cause de non culpabilité, tout autre état d'altération des facultés mentales, même autre que la démence.

b). — D'autre part, on dit : Si la loi a prévu spécialement la démence, ce n'est pas parce que la démence serait la seule cause d'irresponsabilité, mais parce que, au cas de démence, il y aurait certaines particularités spéciales pour l'application de la loi pénale. Parmi ces particularités, la principale serait la suivante ; la loi voudrait qu'au cas de démence on pose une question spéciale au jury. Ce serait comme pour le discernement en ce qui touche le mineur ; on dédoublerait la question : le prévenu est-il coupable du fait matériel? En est-il responsable ? Ce système pourrait se justifier par des raisons analogues à celles qui ont fait admettre le discernement pour les mineurs ; on voudrait attirer l'attention du jury sur la démence. Mais il n'a pas prévalu. car la question de démence. étant comprise dans la question générale de culpabilité, il n'est pas nécessaire de dédoubler les éléments.

On pourrait encore songer à une autre particularité

(1) Voir Cass. 1er juin 1843. S. 43. 1. 843.

spéciale à la démence : c'est qu'au cas de démence il y a toujours lieu à procéder à une expertise médicale ; mais c'est là un procédé de pratique judiciaire.

c). — Enfin, on parle d'une dernière particularité, qui aurait dû être admise pour la démence : le juge aurait le droit, tout en acquittant, de prononcer l'internement de l'individu, comme aliéné, dans un asile d'aliénés. S'il en était ainsi, on comprendrait que la loi aurait prévu spécialement le cas de démence ; mais il n'en est pas dit un mot dans le **Code Pénal** de 1810 ; il n'existe aujourd'hui encore que l'article 18 de la loi du 30 juin 1838, qui permet à l'autorité administrative de faire interner d'office les aliénés dangereux. Mais ceci n'a rien de spécial aux aliénés criminels, car lorsqu'un crime a été commis par un aliéné, la Cour ne peut s'en remettre qu'aux autorités administratives pour prononcer l'internement.

La portée de l'article 64 du Code Pénal est cependant considérable, car il s'agit de l'affirmation d'un principe. Dans une législation fondée sur la responsabilité, il y a deux façons de comprendre la responsabilité : ou s'en tenir à l'état virtuel de responsabilité, c'est-à-dire que l'agent capable de liberté est capable de responsabilité, ou rechercher la responsabilité vraie, concrète. Dans ce dernier système, la responsabilité devrait être supprimée par tout état passionnel de nature à aveugler la raison et à atteindre la liberté. Au contraire, dans le système qui se contente d'une responsabilité présumée, il n'y a plus à tenir compte de ces impulsions qui ne modifient pas l'état de l'agent et laissent intact cet état virtuel de responsabilité, qui ne peut disparaître que devant un état pathologique général, qui n'est plus une folie du moment, mais une véritable transformation de la nature de l'individu. Eh bien ! L'article 64 du Code Pénal a eu pour objet de nous révéler la conception du Code Pénal en matière de responsabilité. La présomption de responsabilité ne peut être détruite que par la constatation expérimentale d'un état pathologique chronique analogue à la démence. La démence n'est donc pas le seul état pathologique de ce genre, mais elle en est la forme typique. Elle ne comprendrait pas ces altérations passagères, qui ont pour cause l'ivresse, le somnambulisme, l'hypnotisme, le sommeil, etc. Certainement les rédacteurs du Code Pénal n'ont pu vouloir faire allusion, par l'expression *démence*, à des états physiologiques et psychologiques, qui portent un nom spécial dans la langue pratique, comme dans la langue scientifique. Un jugement qui constaterait, en fait, que l'accusé se trouvait en état d'ivresse absolue au temps de l'infraction, et qui motiverait, en droit, l'acquittement sur l'article 64, contiendrait donc une fausse application de ce texte. J'admets bien que l'irresponsabilité peut résulter, et résultera souvent, non seulement de la démence, c'est-à-dire d'une maladie du cerveau, mais de causes de diverses sortes, telles que l'ivresse, le somnambulisme, etc., qui ont pu produire chez l'agent l'inconscience, mais il n'est pas permis aux juridictions d'instruction et aux tribunaux correctionnels ou de simple police, de motiver, sur l'article 64, un renvoi d'instance dans ce cas ; quant au verdict d'acquittement, s'il échappe à la rigueur de la Cour suprême, c'est uniquement parce que le jury ne révèle pas les motifs de sa décision.

III. — Les législations modernes sont loin d'être d'accord sur la question de savoir quand il y a démence. On peut les classer de la manière suivante :

a). — Dans les législations les plus récentes, prévaut un système qui consiste à éviter toute dénomination des maladies qui excluent la responsabilité, en exprimant, dans une formule générale, que l'état d'altération ou d'infirmité des facultés mentales est une cause de non culpabilité. Dans ce premier groupe, quelques législations décident, comme le Code des Pays-Bas § 37, que tout trouble de la raison ou de l'intelligence, fût-il momentané, supprime la responsabilité ; ces législations indiquent ainsi un critérium susceptible de constatations expérimentales. Dans d'autres pays (1) on va plus loin : on fait disparaître la responsabilité devant toute crise psychologique rendant impossible ou improbable l'usage de la liberté.

(1) C. Toscan, art. 34 ; C. Allemand, art. 52 ; C. P. Italien, art. 46

Une pareille législation me semble dangereuse, car comment mesurer le degré de liberté de l'agent? Quel est le criminel qui ne puisse soutenir qu'il a accompli l'acte incriminé sous le coup d'une obsession quelconque, dans un état d'àme exclusif de toute liberté?

b). — Dans le Droit Anglais, au contraire, certaines règles ont été tracées par les magistrats pour déterminer en quoi consiste la démence et quand il y a démence (1).

c). — Dans d'autres législations, enfin, l'état d'altération des facultés mentales, excluant l'imputabilité, est caractérisé par une expression scientifique, l'expression « démence », ou toute autre analogue, mais sans que le législateur ait cru devoir définir cette expression. C'est ce système qui est suivi par le Code Pénal Français et par le Code Pénal Belge (2).

L'expression démence désigne, dans son sens étymologique (a mentia), l'absence de raison, l'inconscience, l'incapacité de diriger ses actes, d'en prévoir les conséquences. En aliénation mentale, elle a un sens étroit. Seule l'expression d'*aliénation mentale* convient à tous les cas. Pourquoi n'a-t-elle pas été employée par le législateur ? D'une part, c'est qu'elle n'était pas usitée en 1810 ; d'autre part, la loi a bien voulu

____

(1) Voir Maudsley : *Le crime et la folie*, 4ᵉ éd. p. 84, ch. : La loi et la folie.

(2) Voir article 71.

marquer, par l'expression même dont elle se servait, qu'elle liait l'irresponsabilité à un trouble de l'intelligence (mens), qui, pour les législateurs, comme pour les médecins de l'époque, était alors l'unique signe de la folie. Aujourd'hui, l'aliéniste affirme, au contraire, que la folie n'implique pas nécessairement la ruine complète de l'intelligence, mais qu'on peut être aliéné tout en tenant des propos sensés et paraissant raisonner d'après les règles ordinaires de la logique. Les doctrines médicales nouvelles qui permettent d'étudier « la raison dans la folie » (1) n'étaient pas encore à la mode en 1810. « Quoiqu'il en soit, dit M. Garraud (2), en employant l'expression « démence », le Code Pénal n'a pas eu la prétention de définir l'état auquel elle correspond ; il n'a pas essayé d'établir un critérium juridique permettant au magistrat de décider quand il y a démence. »

(1) D\u02b3 Parent, *La raison dans la folie ;* D\u02b3 Trélat, *La folie lucide.*
(2) *Traité de Droit Pénal,* éd. 1898, t. I, p. 480.

§ II. — **Applications pratiques du principe.**

I. — Maladies mentales proprement dites : A. Idiotie. — B. Folie. — C. Paralysie générale.

II. — États pathologiques transitoires : A. Observation générale. — B Hystérie. — C. Epilepsie. — D. Période menstruelle et de grossesse. — E. Surdi-mutité. — F. Somnambulisme. — G. Hallucinations et Illusions. — H. Hypnotisme. — I. Alcoolisme et Ivresse. — J. Passions. — K. Théorie de la responsabilité partielle.

I. — Maladies mentales proprement dites

A. — *Idiotie*. — L'idiotie est une sorte de stupidité qui a divers degrés, suivant qu'elle est plus ou moins prononcée. L'idiotie complète soulève peu de difficultés. L'idiot, en effet, n'a aucune perception des idées communes : sa vie, purement végétative, ne connaît d'autres sensations que celles que lui font éprouver ses besoins matériels ; il ne peut donc être responsable de ses actions.

Mais cette maladie a ses degrés et ses nuances. A côté de l'idiot complet on rencontre fréquemment ces êtres dégradés par le crétinisme et à demi-idiots, dont les facultés imparfaites perçoivent quelques idées, mais en petit nombre et confusément ; ces infortunés, que M. Orfila (1) nomme demi-imbéciles, et

(1) *Leçons de med. lég.* t. II, p. 48.

dont l'intelligence n'a que des lueurs incertaines, doivent-ils être considérés comme en état de démence ? Il est peut-être nécessaire de remarquer qu'il ne s'agit point ici de l'ignorance, qui, portée à un certain degré, semble participer de l'idiotisme. La loi, sous l'expression générale de démence, n'a pu comprendre que les maladies mentales. Et d'ailleurs l'ignorance, lorsqu'elle est réelle, peut être une cause d'atténuation de la peine, et non de justification ; car, d'une part, l'agent doit s'imputer d'avoir négligé d'acquérir les connaissances nécessaires pour éviter le mal qu'il a commis ; et, d'un autre côté, la loi pénale a sa sanction dans la conscience, et si l'ignorance peut l'obscurcir, elle ne peut l'abolir entièrement.

B. — *Folie.* — La folie comprend les individus dont l'intelligence, après avoir acquis tout son développement, s'est troublée, affaiblie ou éteinte accidentellement. On la divise en *démence* proprement dite, en *manie avec délire*, puis enfin en *manie sans délire* ou *monomanie*.

a). — La démence, dans le sens légal de ce mot, n'est point une complète abolition de l'intelligence : *furor continua mentis alienatio quâ quis omni intellectu caret.* Cette définition serait évidemment trop absolue, puisqu'elle rejetterait hors des termes de la loi tous les aliénés qui auraient conservé quelques rayons, même à demi éteints, de leur intelligence, tous ceux même à qui la maladie permettrait de jouir encore de quelques intervalles lucides. Un point, aujourd'hui certain, c'est que la démence est une maladie du corps, de nature organique, et qu'il n'y a pas d'aliénation mentale sans modification physique. Il convient donc, toutes les fois qu'elle sera alléguée, de provoquer une expertise médicale. C'est ce qui se fait en pratique ; mais, nulle part, la loi n'en impose l'obligation (1). Les rapports médicaux en matière d'expertises mentales se terminent ordinairement par trois conclusions : la première tranche la question du diagnostic médical, c'est-à-dire si le prévenu ou l'accusé est un aliéné et quel type clinique d'aliénation mentale le médecin a constaté ; la seconde se prononce sur la responsabilité du prévenu, ce qui n'est que la conséquence logique du caractère exclusif de sa compétence en matière d'examen médico-psychologique : enfin, dans sa troisième, l'expert se prononce sur les précautions qu'il estime nécessaires, au point de vue de la sécurité publique.

b). — La *manie* (*furor*) est un délire général, variable, s'appliquant à toutes sortes d'objets. Le malade ne peut avoir aucune idée fixe dans la tête, ne peut enchaîner ses pensées. Le maniaque est le jouet continu d'idées fausses et incohérentes, d'illusions des

(1) Cassation, 30 juillet 1817 (D. J. G., voir Peine, n° 393, 1°).

sens et de rapides hallucinations. Une question que les anciens criminalistes ont longtemps agitée est de savoir si les maniaques et les insensés sont responsables des actes qu'ils ont pu commettre pendant les intervalles lucides dont ils jouissent. La loi romaine admettait cette responsabilité (1). Les anciens jurisconsultes ont suivi cette opinion (2), et on la retrouve encore dans quelques législations modernes (3). Le silence du Code Pénal, à ce sujet, a donné lieu à une controverse. Carnot (4), s'appuyant sur l'article 64 qui exige l'existence de l'aliénation *au temps de l'action,* semble autoriser les poursuites. MM. Chauveau et Hélie (5) adoptent l'opinion contraire : « Pourrait-on soutenir, disent-ils, qu'il n'y a pas eu démence au temps de l'action, par cela seul que le malade aurait agi dans une intermittence de la maladie, si l'influence de cette démence a pu s'exercer même dans un moment prétendu lucide, si l'état habituel d'affaissement ou de perturbation des facultés morales du prévenu a pu réagir, même d'une manière inaperçue, sur son action ? » Je crois plutôt qu'il y a là une

(1) L. 14, Dig. de off. praes.

(2) Voir Farinacius, *de poen. temp., quaest.* 94, n. 6 ; Muyart de Vouglans, p. 25.

(3) Code Pénal d'Autriche, 1re partie, art. 2, § 1er et 2 ; Code Pénal Espagnol de 1870, art. 8 ; Code Pénal Portugais, 1886, art. 42.

(4) Comment. du Code Pénal, t. i, p. 202.

(5) Théorie du Code Pénal, t. i, éd. 1887, p. 557.

question impossible à résoudre en principe, et que c'est à la science médicale à se prononcer sur chaque cas particulier. Il me semble néanmoins qu'il appartiendrait au Ministère public de prouver non seulement l'existence de l'intervalle lucide, mais de démontrer également que le prévenu était en pleine jouissance de ses facultés.

c). — Il peut se faire que le désordre, la perversion des facultés, au lieu d'être général, comme dans la manie, ne paraisse exister que relativement à certains points ou à un seul, ne se manifeste qu'à l'occasion de quelques idées dominantes ou même d'une seule, de telle sorte qu'en dehors de ce point ou de cette idée, il semble que l'homme conserve et exerce régulièrement la plénitude de ses facultés : il est dit alors *monomane*, et cette sorte d'aliénation mentale, *monomanie*. De graves débats se sont élevés à ce sujet : les uns, trop préoccupés des motifs d'impulsion au crime, paraissent disposés à couvrir de l'excuse de la démence tous les faits qui sont commis sans qu'on aperçoive aucune des causes qui expliquent d'ordinaire, sans la justifier, l'action criminelle ; les autres, au contraire, ont nié jusqu'à l'existence d'une démence partielle ; ils ont prétendu que cette affection extraordinaire et bizarre avait été créée par une philanthropie mal éclairée, pour arracher quelques coupables à la juste sévérité de la loi. « Quand on ne pourrait pas dire : il est coupable, disait Dupin, on dirait : il est fou, et l'on verrait Charenton remplacer la Bastille. »

L'existence d'une démence partielle peut-elle être révoquée en doute ? Les actes de monomanie sont-ils des actes de démence ? Les anciens criminalistes ont rapporté plusieurs exemples d'actes instantanés et frénétiques commis sans motifs apparents. Les médecins qui ont écrit sur la manie (1) ont recueilli un plus grand nombre de ces faits, et ils ont soutenu qu'il pouvait y avoir absence de la connaissance du bien et du mal, relativement à certains objets, sans que, vis-à-vis des autres, il y eût altération sensible des facultés intellectuelles. Le délire, disent-ils, est quelquefois tellement exclusif, et l'intelligence est tellement libre sous tous les rapports que le malade peut paraître sain d'esprit, tant qu'il ne dirige pas son attention vers l'objet sur lequel il extravague. Mais cette doctrine de la *monomanie intellectuelle*, de la *monomanie raisonnante* ou instinctive, après avoir triomphé avec Esquirol et Georget, est battue en brèche par des observateurs plus récents, qui démontrent que, dans la majorité des cas, le prétendu délire partiel, loin de s'installer d'emblée dans l'intelligence, n'est que la conséquence et la conclusion d'un état maladif général, dans lequel l'aliéné, assailli d'idées délirantes, fait peu à peu son choix parmi elles et systématise

(1) Voir Georget, Esquirol et Pinel.

insensiblement son délire, sans toutefois jamais arriver à l'unité.

Quelle que soit, en effet, dans un cas donné, la prédominance apparente d'un système d'anomalie mentale, une analyse rationnelle doit permettre de la rattacher à un ensemble de troubles morbides plus latents, qui ont atteint, avec une intensité plus ou moins grande, le fonctionnement des diverses facultés psychiques. « Il faut donc, aujourd'hui, dit M. Garraud (1), écarter du domaine de la pathologie mentale cette conception fausse d'altérations isolées de la volonté, de monomanies, caractérisées par une impulsion irrésistible à l'acte dont on est inculpé (2), le libre arbitre n'étant annihilé que par des actes en rapport avec la conception délirante, mais fonctionnant bien pour tous les actes qui se trouveraient en dehors de sa sphère morbide. Les maladies mentales sont toutes des maladies de l'encéphale, pouvant déterminer un trouble complet partiel dans les trois importantes fonctions psychiques, de l'intelligence, du caractère, des sentiments, d'où cette distinction d'ordre, souvent faite par les aliénistes, entre la folie des pensées, la folie des actes, la folie des senti-

(1) *Traité de Droit Pénal*, éd. de 1898, p. 485.

(2) C'est ainsi que l'impulsion au vol et à l'incendie, à l'exhibition des parties sexuelles, a été caractérisée, comme une forme spéciale de monomanie, sous les noms de kleptomanie, de pyromanie, de folie exhibitioniste.

ments ». La monomanie est donc une folie comme toutes les autres, d'où il résulte qu'elle doit être assimilée à la démence et produire l'irresponsabilité absolue.

C. — *Paralysie générale*. — C'est à Bayle, un des contemporains d'Esquirol, que l'on doit le premier groupement sous ce nom d'un certain nombre de cas spéciaux de folie. La paralysie générale consiste, en somme, en la simultanéité des désordres moteurs et mentaux qui conduisent peu à peu à une décrépitude anticipée. Lorsque la démence du fou paralytique est complète, le cas n'est pas embarrassant, mais il n'en est pas de même lorsque le délire fait sa première apparition, et surtout lorsque la folie est à l'état latent. Les juges croient peu à l'insanité d'esprit en pareil cas, et des condamnations bien regrettables sont là pour le prouver. Qu'ils prennent garde et, pour éviter un déni de justice, qu'ils se rappellent sans cesse ces mots de M. Legrand du Saulle, qui sont comme la clef de la plupart des problèmes mentaux : « L'homme est malade dès qu'il vient à différer de lui-même. » Si donc le médecin expert déclare que le prévenu n'est pas dans son état normal, s'il reconnaît, d'après certains signes, les débuts d'une paralysie générale, les juges ne doivent pas hésiter : ils doivent franchement admettre l'irresponsabilité sans se demander si ce ne serait pas le cas d'appliquer une peine proportionnelle à un prétendu degré de discernement qu'il n'est pas possible d'apprécier. « Nous ne saurions admettre, dit M. Lelorrain (1), pas plus ici qu'ailleurs, cette théorie de la responsabilité partielle, par ce motif que l'on est dans l'impossibilité d'affirmer que le crime, commis par un homme atteint d'un commencement de paralysie générale, n'a pas eu pour mobile une idée délirante. » Je suis absolument de l'avis de ce jurisconsulte et médecin, et je conclus. comme lui, à l'irresponsabilité absolue du paralytique général, à toutes les périodes , dans la première comme dans la dernière.

II. — Etats pathologiques transitoires.

A. — *Observation*. — L'altération des facultés intellectuelles peut provenir de certaines causes qu'il est difficile de faire rentrer dans la démence, alors même que l'on donnerait à cette expression le sens le plus large, tel est le cas pour le délire qui se manifeste dans certaines maladies aiguës ou chroniques, pour la grossesse. la surdi-mutité, l'ivresse, le somnambulisme. etc. Le législateur français a négligé de régler ces situations. Il ne l'a pas fait expressément, puisqu'aucun texte ne s'en occupe ; ni implicitement, puisqu'il ne peut être permis d'étendre la disposition

(1) Lelorrain, *L'aliéné au point de vue de la responsabilité pénale*, 1882, p. 43.

sur la démence à ces troubles des facultés mentales. Mais cela ne signifie certes pas que le juge ne puisse ou ne doive en tenir compte. Le problème de la culpabilité, qui lui est soumis, sous ses divers aspects, dans tout procès pénal, l'oblige à examiner, en fait, toutes les circonstances qui excluent ou diminuent la culpabilité, soit pour écarter la répression, soit pour modérer la peine. Les pouvoirs généraux du juge suffisent donc, sans qu'il soit besoin de dispositions spéciales, qui seraient plus dangereuses qu'utiles. En cette matière, la loi doit s'en rapporter aux tribunaux qui ne négligeront pas le secours de la médecine judiciaire, à laquelle il appartiendra de dire sur quelles facultés le trouble ou l'altération constaté exerce son influence et quelle peut être la conséquence de tel phénomène au point de vue de la responsabilité.

B. — *Hystérie* — C'est surtout à propos de l'hystérie que la question de responsabilité pénale a dû être examinée par les tribunaux. L'hystérie est un manque d'équilibre dans le système nerveux déterminant une altération de la volonté. Les hystériques sont fréquemment inculpés de meurtres passionnels, de vols à l'étalage, surtout dans les grands magasins, de dénonciations calomnieuses, etc. Quelle est leur responsabilité dans ces actes? Les médecins légistes appliquent ici la théorie de la responsabilité partielle :

« Je n'admets pas, écrit Tardieu (1) au sujet des hystériques, leur responsabilité absolue, mais je me défie des impulsions morbides auxquelles elles ne sont pas toujours libres de se soustraire. » Et Legrand du Saulle (2), qui a étudié ce sujet d'une manière spéciale, ajoute : « Chez la plupart des hystériques, la liberté n'est pas morte, mais elle est malade ; il n'y a plus irresponsabilité absolue, mais la responsabilité est assez atténuée pour entraîner le bénéfice des circonstances atténuantes. »

C. — *Epilepsie.* — L'épileptique, qui commet un délit pendant une crise, doit être déclaré irresponsable. Mais, en dehors des crises, l'épileptique est-il responsable ? Tardieu, Falret, Parent et d'autres aliénistes répondent affirmativement. Je crois que c'est une doctrine dangereuse d'apporter, dans cette question, une opinion formulée d'avance sur la culpabilité ou la non culpabilité des épileptiques. L'examen de chaque cas particulier nous paraît s'imposer ; c'est encore un point où la justice devra faire appel à la science, dont le concours lui sera fort précieux notamment en ce qui concerne les épileptiques dits larvés. Quelques physiologistes ont singulièrement étendu le domaine de l'épilepsie, car, s'il fallait les croire, les

(1) Etude médico-légale sur la folie, p. 167.
(2) *Les hystériques*, p. 448.

plus grands hommes de l'antiquité et des temps modernes auraient été des épileptiques, de sorte que le génie ne serait qu'une névrose (1). « De pareilles théories, dit M. Garraud (2), qui se réclament d'une science hypothétique, relèvent elles-mêmes de l'aliénation mentale ».

D. — *Période menstruelle et période de grossesse.* — De graves problèmes de responsabilité se posent relativement à la femme, soit dans la période menstruelle, soit pendant la grossesse (3). Ces états, a-t-on dit, agissent sur les facultés de la femme, et, sans troubler sa raison, excitent, en elle, des désirs, des envies parfois invincibles. La responsabilité pourra donc être atténuée, et quelquefois même disparaître. Les médecins légistes acceptent difficilement cette prétendue cause d'irresponsabilité, et la défiance de la simulation, dans ce cas, devra être la première règle de la pratique judiciaire.

E. — *La Surdi-mutité* n'est ni une excuse, ni une cause justificative, et il résulte des articles 332 et 333 du Code d'Instruction Criminelle que le sourd-muet

(1) Voir Lombroso, *L'homme de génie.* Paris, 1899, p. 480. Voir aussi les observations présentées au Congrès d'Anthropologie criminelle de Paris. (Actes, p. 196).

(2, *Op. cit.*, p. 495.

(3) Voir Icard, *La femme durant la période menstruelle,* Paris, 1889 ; Marcé, *De la folie des femmes enceintes,* Paris, 1888.

peut être poursuivi à raison des crimes ou délits qu'il commet. Cependant, privé de sa naissance du sens de l'ouïe, au milieu de ses semblables sans jamais les entendre, le sourd-muet nous donne quelque idée de ce que serait l'homme sans la sociabilité. La parole lui manque, non qu'il soit muet, comme semble le dire inexactement l'expression de sourd-muet, mais par cela seul qu'il est sourd de naissance ; il ne parle pas, il pousse des cris comme les animaux ; ses facultés intellectuelles ne se développent qu'imparfaitement ; l'homme social disparaît en partie, par conséquent les idées de relation, la notion du juste ou de l'injuste, en un mot l'homme moral. En pratique, on tient compte de leur infirmité en leur accordant les circonstances atténuantes ; et, s'il était démontré, en fait, que l'accusé sourd-muet n'a pas l'intelligence suffisante pour comprendre son crime, je crois qu'il devra être acquitté. Cependant la Cour de Cassation, dans un arrêt ancien du 25 juin 1827, rapporté par Blanche (1), paraît refuser à la défense de droit de chercher, dans la surdi-mutité, la preuve de la non-culpabilité de l'accusé. Il y a là, il me semble, une erreur ; car, la question qui se pose dans tout procès pénal, est de savoir si l'accusé est coupable ; or, interdire de démontrer que l'inculpé, pour une cause quelconque, n'avait pas sa raison au moment de l'ac-

(1) Blanche, *Études pratiques sur le Code Pénal*, t. II, éd. 1888, n° 244.

tion, c'est interdire de démontrer qu'il n'est pas coupable. De ce que la loi n'a pas parlé de la surdi-mutité, il ne s'ensuit pas que le juge n'ait pas à s'en préoccuper au point de vue de la culpabilité.

Mais faut-il qu'une législation pénale protège le sourd-muet par une présomption d'irresponsabilité, analogue à celle qui protège le mineur lui-même ? Ce système est conseillé par MM. Ortolan, Chauveau et Hélie (1), et il a été admis par quelques Codes étrangers Ainsi l'article 76 du Code Pénal Belge dit : « Lorsqu'un sourd-muet, âgé de plus de 16 ans accomplis. aura commis un crime ou un délit, s'il est décidé qu'il a agi sans discernement, il sera acquitté. » Le Code Pénal Italien de 1889 contient des dispositions plus précises encore Ainsi. d'après l'article 57, jusqu'à 14 ans, il y a période d'irresponsabilité ; à partir de cet âge, sa situation donne lieu à la recherche du point de savoir s'il a agi avec discernement, et, quand le discernement est reconnu, le sourd-muet est coupable, mais il est l'objet d'une répression atténuée. Je crois qu'il vaut mieux adopter le système du Code Pénal Hongrois (2) et du Code Pénal Allemand (3), c'est-à-dire ordonner au juge de rechercher, avant de condamner le sourd-muet, s'il a l'intelligence nécessaire pour comprendre le crime qui lui est re-

(1) *Op. cit.* t. i, n° 327.
(2) Voir § 88.
(3) Voir § 58.

proché, ou bien, imitant en cela le silence du Code
Pénal Français et du Code Pénal Hollandais, laisser
ce cas sous l'empire du droit commun.

F. — *Somnambulisme.* — Ce qui caractérise cet
état, c'est que les fonctions de la vie, qui s'exercent à
l'état de veille, s'exécutent pendant le sommeil. L'imputabilité des actes commis en état de somnambulisme
a donné lieu à des opinions diverses. Je crois qu'il faut
établir, en principe, que les somnambules ne sont
point responsables des actes qu'ils ont commis dans
leur sommeil. Ce n'est point par une assimilation du
somnambulisme à la démence ; mais la volonté du
somnambule est trop incertaine pour qu'on puisse le
rendre responsable de ses actes ; il y a doute complet
sur la culpabilité : l'agent doit être absous (1). Telle
était aussi la règle mise en pratique dans l'ancienne
jurisprudence d'après la maxime : *dormiens furioso
aequiparatur.*

Cette règle avait quelques exceptions. Si le somnambule connaissait sa maladie et n'avait pas pris les
précautions que la prudence lui suggérait, le crime
lui était imputé (2). Mais il est évident que, dans ce
cas même, il n'était coupable que d'imprudence ou

(1) *Sic*, Chauveau et Hélie, *Op. cit.*, n° 357. Dans un arrêt du
26 janvier 1881, la Cour de Paris s'est prononcée en ce sens.
Voir *Le Droit* du 27 janvier.

(2) Farinacius, *Quaest.* 98, n. 70.

de négligence, si le fait qu'il avait accompli, en état de sommeil, était un de ceux pour lesquels la loi punit la simple négligence, tels que l'homicide, les coups et blessures. Muyart de Vouglans (1) faisait, à ce propos, une observation très exacte et donnait une solution qui serait encore vraie aujourd'hui : « Il faut compter, parmi les crimes qui se commettent dans le sommeil, ceux qui ont été précédés d'une faute ou imprudence inexcusable, telle que serait celle des pères et mères qui auraient étouffé, en dormant, leurs enfants qu'ils auraient couchés avec eux, ce qui s'entend si cet enfant était d'un âge si tendre qu'il y aurait un danger évident à le coucher dans un grand lit. » Sous l'empire de notre législation actuelle, ce fait rentrerait sous l'application de l'article 319 du Code Pénal.

Une autre exception avait été établie pour le cas où l'agent aurait ratifié à son réveil l'action qu'il a commise en état de somnambulisme (2). Et deux auteurs, dont l'opinion fait encore autorité sur bien des points en médecine légale ; Fodéré (3) et Hoffbauer (4), ont prétendu que si l'agent avait une inimitié capitale, le crime lui serait imputable, parce que ce crime ne serait alors qu'une exécution des sentiments crimi-

(1) *Lois Criminelles*, p. 29.
(2) Menochius, *De arb.*, *Quaest.* lib. 2 casu. 327 n. 8.
(3) Fodéré, *Traité de médecine légale*, t. i, p. 427.
(4) Hoffbauer, *Médecine légale relative aux aliénés et aux sourds-muets*, p. 169.

nels qu'il aurait nourris pendant son réveil. Aussi, Fodéré trouve toute naturelle cette action d'un empereur romain qui envoie au supplice un de ses courtisans, dont le crime était d'avoir rêvé qu'il serait empereur : « Si tu ne l'avais pas pensé pendant la veille, tu ne l'aurais pas rêvé pendant le sommeil. » Je crois que cette théorie est insoutenable en droit : en effet, les pensées, les simples projets de la veille échappent par eux-mêmes à l'action pénale, et quant à la réalisation durant le sommeil, comment pourrait-elle être imputable, étant faite dans un état où l'homme n'a pas conscience de lui-même et ne dirige pas volontairement l'exercice de ses facultés ? Pour admettre sa responsabilité, il faudrait démontrer le concours simultané, et non successif, de l'acte avec la volonté et l'intelligence de l'agent (1). Au reste, le somnambulisme, de même que les autres égarements de l'esprit, peut être simulé ; c'est à celui qui l'invoque comme excuse à prouver que cet état moral lui est habituel, et qu'au temps de l'action, particulièrement, il s'y trouvait soumis.

On a rapproché du somnambulisme certains états morbides qui se caractérisent par un « *dédoublement de la personnalité* (2). » Mais l'individu, qui présente ce

(1) Voir Ortolan, *Éléments de Droit Pénal,* t. 1er, éd. 1886, nᵒ 318; Garraud, *Op. cit.* p. 501.

(2) Dufay, *Le dédoublement de la personnalité* (Revue scientifique, nᵒ du 1er décembre 1885); Pierre Janet, *L'automatisme psychologique.*

dernier phénomène, est un véritable aliéné et doit être traité comme tel. On a prétendu, au point de vue psycho-physiologique, que le dédoublement de la personnalité se résolvait en un oubli de l'état antérieur, qu'il y avait là une maladie de la mémoire et non de la personnalité. Cependant cette manière de comprendre le phénomène ne saurait modifier la solution. car le manque de souvenir à l'acte s'oppose, dans tous les cas, à la répression.

G. — *Hallucinations et Illusions.* — L'hallucination est un phénomène purement sensoriel. Mais les sensations qui la produisent ne sont que fictives ; le malade croit les éprouver quoique ses sens ne soient réellement pas affectés par les objets extérieurs ; il voit, mais non par les yeux, il entend, mais non par les oreilles, « il rêve tout éveillé », dit Esquirol. L'hallucination ne se rencontre pas d'ailleurs que dans l'état de folie ; l'halluciné n'est pas forcément un aliéné. « Gœthe, qui voyait pousser des fleurs idéales sur des bourgeons fantastiques ; Walter Scott, qui voyait apparaître dans les plis d'une draperie son ami Byron après sa mort ; Pascal, qui, depuis sa chute dangereuse au pont de Neuilly, voyait toujours un précipice devant lui ; Andral, qui crut voir un cadavre étendu dans la chambre où il était couché ; ce magistrat anglais qui fut obsédé successivement par un gros chat, par un huissier de la Chambre, et par un squelette ; tous étaient des hallucinés mais non des aliénés (1). »

L'illusion diffère de l'hallucination en ce qu'elle suppose une impression réelle. Il y a impression externe mais il y a en même temps fausse interprétation de cette impression par le cerveau malade, ce qui conduit à une perception fictive ; tandis que l'hallucination n'est qu'une sensation sans impression. D'après M. Legrand du Saulle, les illusions déterminent plus souvent peut-être que les hallucinations des attentats contre les personnes. « Un monsieur reçoit la visite d'un de ses amis ; il le prend pour un malfaiteur et se précipite sur lui..... Un alcoolique, placé dans mon service de Bicêtre, avait ainsi tué un de ses amis par suite de ces illusions de la vue, si fréquentes dans l'intoxication par l'alcool (2). »

II. — *L'hypnotisme* est un ensemble d'états spéciaux du système nerveux, déterminés par des manœuvres artificielles. Les cliniciens distinguent : *le grand* et *le petit hypnotisme*. Dans le petit hypnotisme, on observe seulement la léthargie, une certaine somnolence, mais le sujet qui subit l'influence de l'hypnotiseur peut encore se débattre et réagir. Dans le grand hypnotisme, on observe trois états, soit successifs,

----

(1) Voir Riboud, *De l'influence de l'état mental des individus sur la responsabilité pénale*, p. 119, 120.

(2) Legrand du Saulle, *Traité de médecine légale*, p. 782.

soit isolés : *l'état cataleptique* (le sujet est immobile, et par conséquent incapable de commettre un acte criminel, mais il est une proie facile) ; *l'état léthargique* (le sujet a des hallucinations, des extases) ; et, enfin, *l'état somnambulique* (le sujet agit). La science médicale est loin d'être fixée sur l'hypnotisme. Deux écoles sont aux prises.

L'Ecole de Paris, dont le plus illustre représentant a été Charcot (1), prétend qu'il n'y a de véritable hypnotisme que celui qui se développe chez des hystériques ; cet hypnotisme est une névrose, et tous ceux chez lesquels on le produit sont des névropathes ; il se caractérise par les trois états, dits classiques, qui se montrent dans un ordre nécessaire. La conclusion est qu'il faut examiner chaque cas en particulier.

L'Ecole de Nancy, qui compte, parmi ses représentants, Berhneim (2), Liébeault (3), Liégeois (4), soutient que l'hypnotisme est un fait non pas pathologique, mais physiologique ; ce n'est pas une névrose,

(1) Voir Charcot, *Sur les divers états nerveux déterminés par l'hypnotisation chez les hystériques* (compte-rendu de l'académie des sciences, 1882, p. 403) ; Gilles de la Tourette, *L'hypnotisme et les états analogues au point de vue médico-légal*, Paris, 1887.

(2) Berhneim, *De la suggestion dans l'état hypnotique et dans l'état de veille.*

(3) Liébault, *Du sommeil et des états analogues considérés surtout au point de vue de l'action du moral sur le physique*, Nancy, 1866.

(4) Liégeois, *De la suggestion hypnotique dans ses rapports avec le droit civil et le droit criminel.*

mais un sommeil, cet état peut être produit chez des sujets parfaitement sains ; enfin, que c'est la suggestion qui donne la clef de tous ces phénomènes et qui en règle l'évolution. Elle fait découler de là l'irresponsabilité absolue de l'hypnotisé sauf dans deux cas : 1° lorsqu'il s'agit d'un fait pour lequel la loi punit l'imprudence ; 2° en cas d'hypnotisme prémédité, où l'on tient compte de la volonté de l'agent au moment où elle est devenue irrévocable.

Quoi qu'il en soit de ces divergences, au point de vue de droit répressif, l'hypnotisme soulève un double problème :

1. — La pratique de ces procédés pouvant donner lieu à certains dangers pour la santé ou la moralité, le législateur a certainement le droit et le devoir de la réglementer. Il ne l'a pas encore fait en France (1) ; mais, en Belgique, la loi du 30 mai 1892 punit de peines correctionnelles quiconque aura donné en spectacle une personne hypnotisée par lui-même ou par autrui ; ou aura hypnotisé une personne n'ayant pas atteint l'âge de 21 ans accomplis ou n'étant pas saine d'esprit, s'il n'est docteur en médecine ou muni d'une

---

(1 Une proposition avait été présentée, dans le sens d'une réglementation, lors de la discussion de la loi du 30 novembre 1892 sur l'exercice de la médecine ; elle n'a pas été accueillie, en sorte que la pratique de l'hypnotisme ne relève des prohibitions de cette loi que lorsqu'elle a pour but le traitement des maladies.

autorisation du gouvernement. A côté de ces interdictions, qui ont le caractère de mesures de police, l'art. 3 de la loi belge contient une disposition relative au problème de la responsabilité. D'après ce texte « sera puni de la réclusion, quiconque aura, avec une intention frauduleuse ou à dessein de nuire, fait écrire ou signer, par une personne hypnotisée, un acte..... La même peine sera appliquée à celui qui aura fait usage de l'acte..... » Il y a là le faux par suggestion hypnotique, que notre législation laisserait impuni s'il se rencontrait dans la réalité.

II. — Au point de vue des questions de responsabilité qui se rattachent à l'hypnotisme, il y a lieu d'examiner distinctement les délits dont l'hypnotisé peut être victime, et ceux dont il a été lui-même l'exécuteur.

a). — Les seuls délits qui puissent être et qui aient été réellement commis pendant le sommeil hypnotique, à l'égard de l'hypnotisé, sont le rapt, le viol, l'attentat à la pudeur. Il s'agit alors de savoir si les manœuvres hypnotiques mettent l'hypnotisé dans l'impossibilité de consentir. Il n'y a aucun doute que l'hypnotisé, dans l'état cataleptique et l'état léthargique, est un inconscient, qu'il ne s'appartient plus et ne peut donner une adhésion quelconque aux actes qu'on veut lui faire accomplir, ou à ceux qu'on veut lui faire subir. Mais dans l'état somnambulique, la volonté ne paraît pas complètement abolie ; l'hypnotisé peut résister soit à la violence matérielle, soit aux suggestions. Mais il est, presque toujours, impossible de mesurer l'énergie de cette résistance, la conscience du somnambule.

b). — Pour les délits dont l'hypnotisé est l'auteur ou l'instrument matériel, on doit distinguer deux situations : 1° la première est celle des délits commis, soit par suggestion post-hypnotique, soit par suggestion intra-hypnotique.

La *suggestion post-hypnotique* est celle dans laquelle les actes délictueux ont été commandés en état de sommeil provoqué et doivent être exécutés au réveil. C'est la suggestion à échéance dont parle Bernheim (1). Mais, sur ce terrain, nous manquons d'exemples empruntés à la vie réelle ; on n'a pu apporter, comme exemples, que des « crimes de laboratoire. »

La *suggestion intra-hypnotique* est celle dans laquelle l'acte criminel est suggéré et exécuté durant le sommeil provoqué. Ici encore, la pratique judiciaire n'a pas offert, en France, d'exemples réels de crimes commis dans cet état. En admettant, cependant, qu'un individu puisse imposer sa pensée à un sujet, dont une prédisposition nerveuse détruit la volonté, je crois que l'hypnotiseur doit être déclaré complice,

(1) Bernheim, *Les souvenirs latents et les suggestions à longue échéance.*

dans les termes de l'article 60 du Code Pénal, quand il fait commettre un délit par voie de suggestion hypnotique ; mais que, l'auteur même du fait punissable n'ayant été que l'instrument inconscient des actes délictueux, sa culpabilité ne pourra être retenue. Il semble, du reste, que les actes criminels ou délictueux ne sont pas toujours acceptés sans protestations par les hypnotisés, qui peuvent résister aux suggestions et même refuser absolument de les accomplir, ce qui m'empêche de prendre trop au sérieux le moyen d'irresponsabilité basé sur l'hypnotisme (1).

2° Il ne faut pas confondre l'hypnotisme avec la suggestion : l'hypnotisme ne fait que favoriser la suggestion. L'influence suggestive que peuvent exercer certaines natures par la parole, le geste, le livre, a donné lieu, dans la doctrine comme dans la pratique judiciaire, à de très intéressants problèmes, qui ont été étudiés sous deux formes : celle de la *suggestion individuelle* et celle de la *suggestion collective*.

Il y a, d'abord, l'auto-suggestion, l'idée fixe qui s'empare de l'homme et finit par le pousser au crime; dans quel cas la seule question est de savoir si la force intérieure qui fait agir ne provient pas d'une disposition maladive supprimant ou atténuant

---

(1) Voir dans *Arch. d'anthr. Crim.*, l'expertise de MM. les professeurs Brouardel et Motet (t. v, p. 697), et la polémique entre Bernheim et Gilles de la Tourette (t. vi, p. 179) à propos du célèbre procès : Eyraud et Gabrielle Bompard.

la culpabilité. Il y a ensuite la suggestion involon-
taire, qui s'exerce sur des natures faibles, par l'effet
d'un mot auquel on n'a pas attaché d'importance,
d'un article de journal ou d'un livre qu'on n'a pas
écrit dans ce but, et qui n'emporte, pour celui qui
en est l'auteur, aucune responsabilité directe ; mais,
pour celui qui en est victime, cette suggestion ne
saurait ni faire disparaître, ni diminuer la responsabilité. Il y a, enfin, la suggestion volontaire, celle
qui pousse, par la persuasion, à commettre le crime,
et où la responsabilité de l'instigateur et celle de sa
victime sont en sens inverse l'une de l'autre, en ce
sens que la première s'accroît alors que la seconde
diminue.

Quant à la *suggestion collective*, elle se propage conformément aux lois de la contagion et de l'imitation,
et donne lieu à deux phénomènes criminels de la
plus haute importance : la contagion du délit et le
délit collectif (1).

I. — *Alcoolisme et Ivresse.* — L'ivresse a existé
de tous temps ; l'alcoolisme est moderne et con-
temporain. L'abus des liqueurs enivrantes a parcouru
deux phases successives : la première est marquée
par l'abus de la liqueur enivrante nationale, par
l'ivrognerie du vin ; la seconde est marquée par l'al-

(1) Voir Tarde, *Les lois de l'imitation* ; Lombroso et Laschi :
I delitto politico e le rivoluzioni (trad. en 2 vol., 1893).

coolisme même, c'est-à-dire par un empoisonnement dont la cause n'est plus seulement le vin, mais l'alcool extrait de diverses substances et dont les ravages sont tout différents de ceux du vin. Cette seconde phase commence avec l'entrée en scène des alcools d'industrie. C'est vers 1824, surtout, qu'en France l'industrie de l'alcool a commencé à prendre de l'extension par la distillerie des céréales et de la pomme de terre ; c'est de cette époque que l'alcoolisme date en France (1). La législation pénale est directement intéressée dans cette grave question et appelée à intervenir à un double point de vue : 1° pour combattre par des moyens répressifs ou préventifs le développement de l'ivrognerie et de l'alcoolisme ; 2° pour déterminer la responsabilité de l'ivrogne et de l'alcoolique relativement aux crimes et aux délits qu'ils commettent sous l'influence toxique.

1° *Répression de l'ivresse*. L'ivrognerie et l'alcoolisation, qui en est la conséquence, ne sont pas seulement un sérieux danger pour l'individu, dont elles ruinent la santé et hâtent la mort ; elles menacent directement la famille et la société : la famille, d'abord, par les ef-

---

(1). D'' Legrain, *L'alcoolisme*, p. 7. On a établi, en outre, que l'alcoolisme se développe d'autant plus qu'il y a moins de vin dans une région. Aussi l'invasion de l'alcoolisme, dans le centre et le midi de la France, date surtout de la destruction des vignobles par le phylloxéra. Voir Alexandre Bérard, *L'alcoolisme en France* (*Revue des Revues*, 1896, p. 305 et suivantes).

fets désastreux de l'hérédité, ensuite par la misère, la démoralisation de ses membres. l'abandon et la corruption des enfants qu'elle entraîne le plus souvent à la mendicité, à la prostitution et au vagabondage ; la société, par la démoralisation publique, l'accroissement du suicide, de la folie et de la criminalité (1). Aussi, voyons-nous toutes les législations pénales modernes ériger l'ivresse en contravention ou en délit, et le punir tantôt d'une amende. tantôt de l'emprisonnement. En France, le parlement a voté, sur l'initiative du docteur Roussel, le 23 janvier 1873, une loi tendant à réprimer l'ivresse publique et les progrès de l'alcoolisme. Cette loi, dont les dispositions sont répressives et préventives, donne à l'ivresse volontaire le caractère d'une infraction, lorsqu'elle se manifeste publiquement (2).

Cette répression ne peut-être qu'approuvée. « Il ne s'agit pas, en effet, ici d'une cause pathologique organique ou d'une habitude invétérée dont on ne peut se défaire ; il ne s'agit pas d'un vice congénital ; mais d'un état purement transitoire dans lequel l'homme ne tombe que par une faiblesse contre laquelle sa volonté peut facilement réagir. Il faut donc donner à cette volonté un motif pour la déterminer à laisser là le verre et la boisson. Ce motif ne peut-être qu'une

(1) Voir *Revue pénit.*, 1895, p. 1194 : *Le crime et l'alcoolisme.*
(2) Pour les dispositions répressives, voir les articles : 11, 1, 2, 4 §2 ; pour les dispositions préventives, voir les articles 4 et 7.

peine (1). » Quelques-uns ont trouvé les conditions de l'incrimination insuffisantes, le système des pénalités inefficace (2). Mais, quelque réserve que l'on doive faire à ces deux points de vue, je crois que la loi de 1873 est une des lois les plus salutaires et les plus bienfaisantes de notre époque. A un certain degré, il est vrai, l'alcoolisation, conséquence de l'ivrognerie, devient une véritable maladie que l'on ne peut combattre que par un traitement spécial, dans un établissement approprié, basé sur l'abstinence obligatoire de toute boisson, non seulement alcoolique, mais même fermentée, pendant un séjour d'une durée assez longue pour espérer une cure sérieuse (3). Mais il faut éviter les abus, dont pourrait souffrir la liberté individuelle. Pour cela il faut soigneusement réglementer le placement des buveurs dans l'asile et la durée de l'internement. Le placement peut être volontaire ou forcé. Le placement volontaire et spontané ne peut présenter de difficulté sérieuse. Le placement forcé peut émaner de la famille du buveur ou de l'autorité, et doit être précédé d'une instruction et d'une décision judiciaires. La durée de l'internement sera pro-

(1) Voir Garofalo, *Criterio positivo d ella penalita*, p. 59.

(2) Voir G. Vidal, *L'alcoolisme et la loi pénale (Revue. pénit.* 1897, p. 15 et 16).

(3) La création d'asiles de buveurs est actuellement à l'ordre du jour en France, comme à l'étranger ; elle est en voie de réalisation dans certains pays voisins : en Suisse notamment.

portionnée aux nécessités d'un traitement efficace. Généralement, les médecins évaluent à six mois le minimum de cette durée et à deux ans son maximum. A cet égard, deux systèmes se conçoivent : celui qui consiste à faire fixer *a priori* la durée de l'internement par l'autorité qui le prononce, sauf à réclamer, de la même autorité et en suivant la même procédure, une prolongation de durée, si elle devient nécessaire ; et celui qui consiste dans l'application, à une mesure qui n'est pas une peine mais un traitement, du principe de l'indétermination.

2°) *Responsabilité de l'ivrogne et de l'alcoolique.* — La loi française ne contient pas de règles spéciales relativement aux effets de l'ivresse sur la responsabilité pénale (1). Cependant, on distingue généralement, dans la doctrine et la jurisprudence, pour la détermination juridique de cette responsabilité : *l'alcoolisme*, allant jusqu'à la frénésie, au délire, à la folie, et *l'ivresse simple* (2).

a) Dans les classifications que la science a faites de l'aliénation mentale, en se basant sur ses causes, une

(1) Il en est de même dans les législations : belge, allemande et celle des Pays-Bas. Parmi celles qui prévoient les effets de l'ivresse sur la responsabilité, il faut noter : *a) Code Russe* (article 106) ; *b) Code Autrichien* (article 2 et 3) ; *c) Code Italien* (article 48).

(2) Molinier et Vidal, *Traité théorique et pratique de droit pénal*, t. II, p. 165.

place est réservée à celle qui provient de l'ivresse,
c'est-à-dire de l'usage habituel de l'alcool, de l'opium,
du haschisch, etc. (Folie alcoolique ou toxique). Il
est évident que l'individu qui, dans une crise de ce
genre, commet un délit, est un aliéné et, par conséquent, un irresponsable ; l'article 64 du Code Pénal
lui est applicable.

b). — Quant à l'*ivresse simple*, elle se subdivise,
suivant sa cause, en fortuite, fautive et préméditée.
Suivant son degré d'intensité, l'ivresse est complète
ou partielle ; suivant son degré de fréquence chez
l'agent, elle peut être accidentelle ou habituelle. Or,
il est un cas sur lequel on est d'accord : l'ivresse *fortuite*, qui n'est ni prévue ni voulue, ne peut être re-
prochée à l'agent qui ignore l'altération ou la force
toxique de la boisson qu'il absorbe. Aucune faute ne
lui est imputable et il faut simplement examiner quelle
est l'influence de l'ivresse sur la responsabilité : si
cette ivresse est complète, elle ne laisse place à aucun genre de responsabilité ; si elle est partielle, elle
diminue la culpabilité sans la faire disparaître (1).

(1) Voir Chauveau et Hélie, *Op. cit.*, t. 1, n° 358 ; Le Sellyer,
De la Criminalité, n° 74. — On soutiendrait, à tort, pour écarter
cette solution, que l'art. 64 du Code Pénal, en gardant le silence
le plus absolu sur l'ivresse, a voulu, par cela seul, l'exclure
comme cause d'irresponsabilité Il n'y a pas démence, il est vrai,
mais il n'y a pas conscience de l'acte, donc il n'y a pas culpabilité. C'est en vain également qu'on opposerait à cette solution

Ce qui est donc seulement en question, c'est la responsabilité de l'agent pour les actes délictueux commis dans un état d'ivresse dû à sa faute, parce qu'il a bu imprudemment avec excès, ou à sa volonté, parce qu'il s'est enivré volontairement, même sans intention de commettre, en cet état, un crime ou un délit déterminé. Sur ce point les avis sont partagés. M. Garofalo (1) a proposé une théorie ingénieuse et originale qui mérite d'être signalée. Il n'admet d'autre opposition que celle de l'ivresse et de l'alcoolisme : la première, selon lui, ne fait qu'exagérer le caractère, elle ne le dénature pas ; le coupable doit être considéré comme s'il avait agi dans son état normal, car l'excitation causée par le vin n'est que la cause occasionnelle qui révèle l'instinct criminel ; il faudra donc le condamner comme s'il n'avait pas été ivre. Cette manière d'envisager l'ivresse est contredite par l'observation de ses phénomènes et de ses effets, et, parmi ses contradicteurs, nous rencontrons le fondateur même de la nouvelle école italienne, le Dr Lombroso. « L'i-

l'art. 65, qui défend d'appliquer une excuse quand elle n'est pas formellement prévue par la loi : car je ne dis pas que l'ivresse soit une excuse légale : lorsqu'elle est alléguée par la défense, elle ne peut faire l'objet d'une question à poser au jury, mais s'il apparaît, en fait, que l'ivresse a anéanti complètement la raison de l'accusé, le jury devra répondre par un verdict négatif à la question de culpabilité, et le tribunal devra, en constatant l'état et la cause d'inconscience de l'agent, le renvoyer de la poursuite.

(1) Garofalo : *Criminologie*, t. II, p. 315 et s.

vresse aiguë, isolée, dit-il (1), donne lieu, par elle-
même, au délit, parce qu'elle arme le bras, enflamme
les passions, obscurcit l'intelligence et la conscience,
désarme la pudeur et fait que les délits se commettent
dans une sorte d'état d'automatisme, de somnambulisme, souvent en contraste avec la vie antérieure. »

Ces opinions divergentes peuvent se concilier, à
mon avis, en tenant compte des degrés divers de l'i-
vresse. Au début de l'ivresse, la conscience des actes
existe. le caractère ordinaire de l'individu n'est pas
transformé : il se rend compte de ce qu'il fait. Ce qui
est affaibli, c'est sa force de résistance aux impulsions
violentes et passionnées. La responsabilité subsiste
donc, mais atténuée.

Mais lorsque l'ivresse est complète, lorsqu'elle a produit cette sorte d'anesthésie et d'inconscience, qui caractérise l'état de l'homme ivre. toute responsabilité
basée sur le dol disparaît. Dès lors, il faut, au point
de vue des actes délictueux commis en état d'ivresse
complète, distinguer ceux qui sont imputables à faute,
et ceux pour lesquels on ne punit que l'intention coupable. Pour les premiers, tels que l'homicide, l'incendie, etc., ils seront considérés comme des actes at-
tribuables à la négligence, et ils devront être punis
comme tels. Pour les seconds, tels que le faux. les

(1) Lombroso : *L'uomo delinquente*, II. p. 297 et s. Voir
aussi D^r. Lentz : *De l'alcoolisme et de ses diverses manifesta-
tions*, p 24.

outrages, etc.. il ne reste que la responsabilité de l'i-
vresse. c'est-à-dire de la faute commise en se mettant
dans cet état imprudemment ou volontairement: mais
en ce qui concerne les délits perpétrés au cours de l'i-
vresse, aucune répression directe n'est possible,
puisque l'ivrogne n'a pu agir avec l'intention exigée
pour l'incrimination légale. Je crois que c'est la théorie
légitime en l'état de la législation française qui ne prévoit pas l'influence de l'ivresse sur la responsabilité.
Mais si la loi était à refaire, on pourrait, je crois, s'inspirer utilement du projet rédigé par la Commission
du Reichstag allemand ou du système autrichien :
établir pour l'ivresse suivie de crimes ou délits une pé-
nalité sévère, mais sans aucune analogie avec celle du
crime ou délit lui-même, en tenant ainsi compte de
la distance qui sépare la peine du dol de la peine
de la faute (1).

La dernière forme de l'ivresse volontaire est celle
dans laquelle l'agent a recherché cet état pour y
puiser l'énergie de réaliser son dessein criminel : il
s'est procuré l'ivresse, soit pour se donner du cœur,
soit pour noyer ses remords. soit pour se ménager
une excuse. Il s'agit de savoir si l'ivresse préméditée
constitue en état de dol l'agent qui commet le délit
en vue duquel il s'est enivré? Pour la plupart des
criminalistes, il est vrai, la responsabilité reste en-

(1) Comp. Vidal, *Op. cit.* p. 23.

tière, quoique le délit soit accompli en état d'ivresse, fût-elle complète ; car le délit a été voulu par l'agent, lorsqu'il était de sang-froid, et son exécution est le résultat d'une détermination libre et réfléchie (1). Mais d'autres criminalistes distinguent, même dans ce cas, entre l'ivresse et le délit accompli en état d'i-vresse. Puisque, par hypothèse, l'ivresse a été com-plète, puisqu'elle a détruit chez l'agent toute raison au moment de l'acte, cet acte ne peut être intention-nel : c'est vainement qu'on y cherchera l'intention dé-lictueuse; on n'y trouvera même pas la volonté. Sans doute, avant de réaliser le fait, l'agent a eu l'intention de le commettre, mais pour que l'intention donne à un fait le caractère délictueux qui en autorise la ré-pression, il ne suffit pas qu'elle l'ait précédé, il faut qu'elle lui soit concomittante ; sans cela, il reste une résolution criminelle, libre et réfléchie, et une exécu-tion inconsciente.

Cette discussion me paraît simplement théorique. car, l'individu, qui exécute, en état d'ivresse, le projet en vue duquel il s'est enivré, montre par cela même qu'il lui reste une certaine conscience de ses actes. S'il est inculpé du crime, il serait mal venu à soutenir. dans sa tentative de défense, qu'il avait perdu, en état d'ivresse, tout discernement et toute volonté : l'exécu-tion de l'acte délictueux ne constituerait-elle pas,

(1) *Sic.* M. Saleilles à son cours.

dans ce cas, une preuve suffisante et même invincible
de la persistance de ses facultés au milieu des fumées
de l'ivresse.

J. — *Passions*. — Comme l'ivresse, les *Passions* sont
une cause d'altération momentanée des facultés psychiques : elles nous mettent, suivant l'expression populaire, « hors nous. » On a demandé si une passion ex-
clusive et dominante ne peut pas être considérée
comme un accès de monomanie, et si cette passion ne
peut pas exciter momentanément un état d'aliénation.
Ces questions ont été fréquemment soulevées, dans
l'intérêt de la défense, devant les Cours d'assises,
pour excuser les crimes commis dans un moment
d'emportement. « Il est, disait un célèbre avocat,
diverses espèces de fous ou d'insensés : ceux que la
nature a condamnés à la perte éternelle de leur
raison, et ceux qui ne la perdent qu'instantané-
ment par l'effet d'une grande douleur ou d'une
grande surprise, ou de toute autre cause pareille Il
n'est de différence entre ces deux folies que celle de
la durée ; et celui dont le désespoir tourne la tête
pour quelques jours ou pour quelques heures est
aussi complètement fou, pendant son agitation, que
celui qui délire pendant beaucoup d'années (1). » Il
importe de repousser une doctrine qui me paraît

(1) Barreau français : M. Bellart, *Plaidoyer pour Joseph Gras.*

aussi erronée qu'elle est dangereuse. Il n'est pas
vrai, aux yeux de la science, qu'une passion puisse
exciter un dérangement momentané des facultés intellectuelles. Dans le paroxysme même de la passion
la plus délirante, l'homme ne cesse point d'avoir la
perception du bien et du mal, et de connaître la nature des actes auxquels il se livre ; l'amour, la jalou-
sie, la vengeance peuvent le subjuguer ; il cède à
l'entraînement de ses désirs, mais il trouverait dans
son sein la force de les combattre. Cependant, si les
passions ne peuvent être assimilées à des accès de
monomanie, on ne peut méconnaître qu'elles obs-
curcissent la volonté, et ne lui laissent pas dès lors la
liberté nécessaire pour commander à l'impulsion de
leurs désirs. Elles ne peuvent être invoquées comme
motifs de justification, mais comme motifs d'atténuation de la peine. « *Jurisconsulti sanxerunt delicta quæ
ira aut dolore concitati commisimus non esse severius
punienda* (1). »

La colère, de même que la passion, n'est point une
cause de justification, mais elle peut être invoquée
comme un motif d'excuse, et même, dans certains
cas, son effet légal est plus étendu que celui des passions, parce que l'homme, dont une cause imprévue
et subite trouble l'esprit, n'a pas, comme celui qui
est en proie à la passion, laissé fermenter dans son

____

(1) Tiraqueau, p. 15 ; Farinacius, *Quaest.* 98, n° 77.

sein le poison, qui, plus tard. bouleverse sa raison.
Aussi a-t-on assimilé la colère à la folie : *ira furor
brevis est*. Les anciens jurisconsultes distinguaient les
causes de la colère : *justæ ac injustæ causæ iræ aut
doloris* (1). Le Code Pénal, qui a suivi en cela la loi
romaine, couvre le crime commis dans un moment
de colère ou de douleur du voile de l'excuse légale,
lorsque le crime a été provoqué par des coups ou des
blessures (article 321. par l'adultère de l'épouse dans
la maison conjugale (article 324), enfin par un ou-
trage violent à la pudeur (article 325). Mais hors de
ces cas, la colère ou la douleur rentrent dans la classe
des circonstances atténuantes.

K. — C'est principalement à l'égard des névroses, et
d'une façon plus générale des troubles confinant à la
folie sans l'avoir atteinte, que l'on soutient le système
de la *responsabilité atténuée ou partielle*. On a soutenu
que dès qu'une névrose était constatée chez un individu, celui-ci devait être regardé comme un demi-
inconscient (2), et que, dès lors, il existait en sa
faveur, une présomption de responsabilité partielle.

(1) Julius Clarus, *Practica criminalis*, liv. V, quest. 40, n° 9,
p. 462.

(2) M. le D' Jules Fabret, dans un article qui fit grand bruit,
a soutenu que la responsabilité étant indivisible, il n'y a pas de
milieu entre la responsabilité complète et la responsabilité
absolue. (Voir *Dictionnaire encyclopédique des Sciences médicales*,
art. Resp. leg. des aliénés).

La loi, dit-on, aurait dû prévoir le cas de névrose, et imposer, après constatation de cet état pathologique, une atténuation de peine dont elle aurait, à l'avance, fixé elle-même l'étendue.

Ce système est aujourd'hui abandonné. Les aliénistes modernes soutiennent que le seul fait de l'existence d'une névrose ne suffit pas à entraîner une atténuation de responsabilité. Sans doute, cela fait présumer que l'individu est fou, mais au lieu de se contenter de cette présomption légale, il y a lieu de faire un examen dictinct dans chaque cas. Ce système est adopté par le Code Pénal Italien de 1889, qui décide, dans son art. 47, que : « Quand l'état d'esprit..... est de nature à amoindrir grandement l'imputabilité, sans la supprimer, la peine édictée, relativement à l'infraction commise, est diminuée d'après les règles suivantes.... (1) » Un pareil système est fort dangereux. En effet, s'il est déjà presque facile de se faire passer pour un fou, combien sera-t-il encore plus facile de se faire passer pour un déséquilibré !

La théorie de la responsabilité atténuée a pénétré les codes de Grèce, de Danemarck, etc. Quelle est sa valeur ? Au point de vue philosophique, elle est peut-être exacte, parce que, depuis longtemps, on a recon-

(1) D'après l'article 11 de l'avant-projet du Code Pénal suisse, le législateur laisse au juge la plus grande liberté d'appréciation, lui prescrivant d'abaisser la peine, mais dans la mesure qu'il jugera convenable.

nu que la force de résistance au mal varie suivant les individus ; mais, au point de vue juridique, elle est un contre-sens. Son effet porte sur la peine pour l'atténuer. Or, l'atténuation de la peine peut résulter soit de faits prévus par la loi (excuses), soit de faits que la loi n'a pas énoncés et qu'elle laisse à l'appréciation du juge (circonstances atténuantes). Dans le système du Code Pénal Français qui ne prévoit pas la responsabilité partielle, l'atténuation de peine résulte des circonstances atténuantes ; dans le droit pénal italien, au contraire, les cas de responsabilité partielle constituent des causes d'atténuations spéciales prévues par la loi et agissent comme des excuses. Le résultat pratique, dira-t-on, n'est-il pas le même ? — Evidemment, dans les deux systèmes, il y aura une peine atténuée ; mais, dans une législation comme le Code Pénal Italien, il peut y avoir une double atténuation, parce que la question de responsabilité partielle ne se confond pas avec la question des circonstances atténuantes.

La conséquence du système italien, c'est que la peine peut se trouver réduite à presque rien. On se met ainsi en opposition directe avec le but de la peine : une peine insignifiante n'intimidera personne, d'autant plus que chacun se classera volontiers parmi les irresponsables.

Enfin, ce système a encore ce mauvais côté : c'est que, en réduisant la peine, il rend presque immédia-

tement à la Société des individus qui sont dangereux.
« La vraie question, dit fort bien M. Saleilles (1), est
de savoir si, au lieu de les punir, il ne vaut pas mieux
les traiter dans un asile spécial, et alors fixer un minimum d'internement, correspondant à l'idée de responsabilité ; mais permettre à la justice de prolonger
l'internement si la sécurité publique l'exige et si l'individu approche de la démence. »

Le Congrès de Bruxelles (août 1897) s'est occupé
de la question des *dégénérés*, et il a émis le vœu que
ces individus soient renvoyés dans l'asile spécial des
aliénés criminels à la suite de leur première condamnation et par ordre de l'autorité judiciaire, s'il est
déclaré que leur état mental a besoin d'amélioration (2).

§ III. — Des preuves de la démence.

En principe, tous les moyens de preuves sont ad-
missibles pour établir la démence. Mais pourrait-on la
prouver en invoquant l'interdiction dont l'agent aurait
été frappé avant le délit? Non, certainement, car l'interdiction n'établit qu'une présomption légale de
démence : or, l'art. 64 exige que la preuve de la dé-

______

(1) *Op. cit.*, p. 202. En ce sens, voir aussi Paul Sumien : *Essai
sur la théorie de la Responsabilité atténuée de certains criminels*,
p. 22.

(2) Voir le compte-rendu de M. Leredu (*Revue pénitentiaire*,
1897, p. 1261).

mence soit rapportée en fait. Sans doute, le ministère public, en présence d'un interdit, aura la charge de prouver qu'il était sain d'esprit au moment de l'infraction ; car l'état habituel de démence, sur lequel se fonde le jugement d'interdiction. constitue, tout au moins, une présomption de folie, présomption de fait. qui mettra la preuve de l'imputabilité à la charge du ministère public : mais les juges pourront condamner l'interdit, s'ils sont convaincus qu'il jouissait de sa raison : ce qui n'est que l'application de la règle bien connue que la chose jugée au civil n'a aucune influence sur la chose jugée au criminel.

Lorsque le trouble de l'intelligence est présenté comme le résultat d'une maladie mentale, il est naturel de recourir à une expertise médico-légale. qui tient aujourd'hui, à bon droit. une place considérable dans la criminalité et offre de si précieuses garanties, surtout quand elle est confiée à des médecins aliénistes. De nos jours une véritable lutte est ouverte contre les experts : on les appelle : les « auxiliaires professionnels de l'accusation », et on a été jusqu'à réclamer leur suppression. Je crois. au contraire, que les médecins experts sont les auxiliaires indispensables de la magistrature dans un grand nombre de circonstances. mais je reconnais qu'il y aurait lieu d'appliquer quelques réformes à leur institution Dans sa belle leçon d'ouverture des cours de médecine légale à la Faculté de Lyon, le 6 décembre 1896, M. le professeur Lacassagne déclarait qu'on devrait exiger des experts des études spéciales en vue de l'obtention d'un diplôme qui consacrerait leur compétence. Le savant docteur renouvelait ensuite les vœux formulés en 1884, c'est-à-dire : 1° L'obligation pour tout médecin, pratiquant une autopsie ou rédigeant un rapport sur un cas criminel, de suivre une méthode indiquée par un règlement fixant la teneur des feuilles médico-légales : 2° L'institution d'un conseil médical près de chaque cour d'appel pour revoir et adopter les conclusions du premier expert ; 3° Au moins deux médecins désignés par le juge d'instruction, ou l'un par l'accusation et l'autre par la défense, sont nécessaires dans les expertises criminelles, mais ne le sont que pour ces sortes d'opérations (1). Ces réformes donneraient une garantie contre les fautes parfois lourdes que commettent les experts improvisés, notamment dans les campagnes où il n'existe souvent qu'un seul praticien, fort peu initié aux questions médico-légales.

Notons, enfin, que les magistrats ne sont pas liés par l'avis des experts ; ils restent libres de ne pas se ranger à leur opinion si leur conscience s'y oppose (2).

(1) Voir *Archives d'Anthropologie criminelle*, n° 17 (15 janvier 1897).

(2) Voir article 323, C., proc. civile.

CHAPITRE II

DES EFFETS DE LA DÉMENCE AU POINT DE VUE PÉNAL

La démence peut exister au temps de l'action ; elle peut également survenir après l'action, mais avant la condamnation ; enfin elle peut se manifester après la condamnation.

§ I. — Démence au temps de l'action.

L'effet de la démence « au temps de l'action » (1) est de faire entièrement disparaître la responsabilité pénale de l'agent qui l'a commise : de même que la démence est, en droit civil, une cause d'incapacité. elle est, en droit pénal, une cause d'irresponsabilité.

L'article 64, pour caractériser l'influence de la démence, se sert, en effet, de cette expression énergique : « Il n'y a ni crime, ni délit ». Il faut ajouter, bien que le texte ne le dise pas, qu'il n'y a pas non plus « con-

(1) C'est la seule hypothèse expressément prévue par l'article 64.

travention » : le principe de l'article 64 est général, puisqu'il résulte de la nature des choses, et il s'applique à toute infraction, qu'elle soit intentionnelle ou non, prévue par le Code Pénal ou par une loi spéciale, jugée par un tribunal ordinaire ou une juridiction exceptionnelle. C'est un point qui n'a jamais fait difficulté, malgré la rédaction trop étroite du Code Pénal.

Du principe que la démence est une cause d'irresponsabilité résultent les conséquences suivantes.

a) L'état mental de l'inculpé appartient aux juridictions d'instruction, comme aux juridictions de jugement(1) : dès que les premières constatent l'état de démence de l'inculpé, elles doivent rendre des décisions de non-lieu mettant fin à la poursuite ; (articles 128 et 129. C.I. Cr.) ; et cela, sans avoir besoin de surseoir à statuer jusqu'à ce que le tribunal civil ait prononcé l'interdiction, car « la question de savoir s'il y a lieu de faire interdire le prévenu est absolument indépendante de celle de savoir s'il y a lieu de poursuivre pour les délits qui lui sont imputés (2). » Mais si la maladie n'offre que des signes incertains et paraît faiblement caractérisée, les premiers juges doivent en laisser l'appréciation aux tribunaux correctionnels et aux Cours d'assises.

(1) Avant le Code d'Instr. Crim., il appartenait au directeur du jury d'apprécier la nature des faits et de suspendre la procédure.

(2) Cass. 9 décembre 1814 (S. 15. 1. 284).

Une question qui a quelque intérêt peut alors s'élever aux débats : c'est de savoir si la question de la démence peut être posée au jury. La Cour de Cassation s'est toujours prononcée pour la négative, car. dit-elle, « en posant la question de savoir si l'accusé est coupable, on demande nécessairement au jury si cet accusé était sain d'esprit, et si sa volonté était libre et indépendante au moment de l'action (1). » Cependant. si rien n'oblige la Cour d'assises à poser la question de démence, rien ne lui défend non plus de le faire (2). Il lui appartient d'apprécier, suivant les circonstances. s'il n'est pas utile en posant une question spéciale sur le fait de la démence, d'appeler l'attention du jury sur ce point (3). En supposant donc que la question spéciale de démence a été posée, y aurait-il contradiction entre une réponse affirmative sur la culpabilité et une réponse affirmative sur l'état de démence ? La Cour de Cassation estime, et avec raison. que le jury a voulu seulement déclarer, dans ce cas. « qu'il était matériellement établi que

(1) Cass., 11 mars 1813(S. 17.1.92) ; 26 oct., 1815(S. 17.1.17) ; 1er mars 1855, *Bull*. n. 71.

(2) Cass. 30 mars 1849 (D. 49. 5. 95) ; 13 mars 1873 (B. Cr., n° 66) ; 16 sept. 1875 (B. Cr., n° 293.

(3) La commission de révision du Code Pénal a pensé que le procédé était utile et devait être prescrit ; aussi dispose-t-il, dans l'article 55 § 2 : « L'état de démence sera l'objet d'une question spéciale, posée au jury, soit d'office, soit sur la demande de l'accusé. »

l'accusé était l'auteur de l'action qui avait donné lieu aux poursuites ; mais qu'il n'y avait apporté que la volonté d'un homme en démence, volonté quasi-animale, qui, d'après le vœu de l'article 64, et d'après les plus simples lumières de la raison, est évidemment hors de toute culpabilité légale (1). » Mais, dans ce cas, y a-t-il lieu à absolution ou à acquittement? La jurisprudence et la doctrine, en général, décident qu'il y a lieu à absolution (2). Je crois plutôt qu'il y a lieu à acquittement (3).

b). Lorsqu'un inculpé a été renvoyé d'instance pour cause d'aliénation mentale ou qu'il a été l'objet d'une ordonnance de non lieu basée sur la même cause, l'autorité judiciaire ne peut plus le retenir, et il doit être mis en liberté. La Société ne se trouve pas pourtant désarmée, car l'art. 18 de la loi du 30 juillet 1838 sur les aliénés permet, « à Paris, au préfet de police, et, dans les départements, aux préfets, d'ordonner d'office le placement, dans un établissement d'aliénés, de toute personne dont l'aliénation compromet l'ordre public ou la sûreté des personnes. » Du reste, la loi de 1838 ne contient aucune disposition spéciale sur les aliénés *criminels,* soit au point de

(1) Cass. 4 janvier 1817 (S. 17. 1. 268).

(2) Cass. 29 août 1829 ; 2 juin 1831 (S. 31. 1. 346). — Voir aussi Nouguier, n° 3741 ; Blanche, *Op. cit.* n° 340.

(3) *Sic.*, Garraud, *Op. cit.*, p. 476, note 9, *in fine.*

vue de leur placement dans des asiles spéciaux, soit au point de vue des pouvoirs à donner, dans ce cas, aux autorités administratives ou judiciaires (1).

c). L'individu renvoyé d'instance pour cause de démence ne peut être condamné à aucune peine, pas même à une amende en matière de contravention aux lois fiscales (2).

d). Il ne peut être condamné aux frais du procès pénal, car la poursuite ne devait pas avoir lieu (3).

§ II. — Démence survenant après l'action et avant que la condamnation soit devenue irrévocable.

I. Démence survenant pendant le cours de l'instruction. — II. Démence survenant après la clôture de l'instruction. — III. Non interruption du cours de la prescription.

I. — On a vu que l'article 64 ne donne à la démence la puissance de justifier l'agent, qu'autant qu'elle est concomitante au fait, qu'elle a existé au temps même de l'action. Cependant on doit suspendre la poursuite, alors même qu'elle est postérieure au crime ; car comment placer en face de la

---

(1) Nous reviendrons sur cette question, lorsque nous exposerons les réformes proposées à l'égard des aliénés criminels.

(2) *Sic.*, Cass., 1er avril 1848 (D. 48, 5, 112).

(3) Cass., 29 avril 1837, (S. 38, 1, 924 ; B. n° 139).

justice un homme atteint de folie ? Comment une condamnation pourrait-elle atteindre cet homme qui n'aurait pu se défendre et qui ne la comprendrait pas ? On doit supposer que l'aliénation, quoiqu'elle ne se soit révélée par des signes extérieurs que postérieurement au crime, existait déjà à l'époque de sa perpétration et a pu le déterminer. Cette doctrine était déjà enseignée par les anciens auteurs (1), qui professaient même que, dans ce cas, le prévenu ne pouvait être condamné à une peine pécuniaire, parce que nulle peine ne peut être infligée à un prévenu qui ne peut se défendre. Toutefois la Cour de Cassation, dans un arrêt du 13 octobre 1853, a décidé que l'état de démence d'un prévenu, alors qu'il n'existait pas lors de la perpétration des faits poursuivis, n'est pas une cause suffisante pour mettre obstacle à la mise en accusation de ce prévenu, si la chambre d'accusation déclare que cet état de démence n'est pas tel qu'il soit de nature à paralyser la défense de l'accusé (2).

Mais si la démence n'est que temporaire, les poursuites peuvent-elles être reprises ? Si la guérison est parfaite, nul doute que l'instruction ne doive être poursuivie, mais s'il s'agit seulement d'un intervalle lucide, cette intermittence de l'aliénation ne justifierait

---

(1) Julius Clarus, *Quaest.* 60, n. 7 ; Farinacius, *Quaest.* 94, n. 22 ; Jousse, t. II, p. 621 ; Muyart de Vouglans, p. 28.

(2) Voir également : Cass., 25 janv. 1839 (D. J. G., voir aliéné, n° 263] ; 23 déc. 1859, (Journ. du Pal. 1860, 298).

pas la mise en jugement ; car la justice serait exposée à ce qu'au milieu des débats l'accusé fut saisi d'un accès de manie, et il serait d'ailleurs difficile de connaître jusqu'à quel point cet accusé aurait la plénitude de son esprit et par conséquent la liberté de la défense (1).

II. — Si la démence est postérieure à l'instruction écrite, et ne se manifeste qu'au moment de l'ouververture des débats, l'accusé ne doit pas néanmoins y être soumis : quelle que soit l'époque de la démence, les motifs sont les mêmes pour le soustraire au jugement. Il me semble que, dans ce cas, on doit examiner si l'aliénation n'est qu'un accès momentané, ou semble de nature à persister. Dans la première hypothèse, le président des assises doit renvoyer l'affaire à la session suivante. Dans la seconde, il doit faire délibérér la Cour, et non pas le jury (2), sur la question de savoir s'il y a lieu de suspendre le jugement jusqu'à ce que la démence ait cessé.

Si la folie survient après la déclaration de pourvoi, elle suspend sans aucun doute le jugement à rendre par la Cour de Cassation. Et je crois qu'il faut aller plus loin ; l'accusé a été frappé d'aliénation mentale au moment où il entendait la lecture de l'arrêt de la Cour d'assises le condamnant à la peine de mort : le délai

(1) Tiraqueau, *causa* 3, n. 1 ; Farinacius, *Quaest.* 94. n. 16.
(2) *Sic.*, Cass., 15 févr. 1816 (cité par Bourguignon, t. III, p. 74).

de pourvoi, qui est de trois jours, sera suspendu à son profit tant qu'il n'aura pas recouvré la raison.

Les anciens jurisconsultes enseignaient que si la folie n'éclatait qu'après l'établissement des preuves, les juges avaient la faculté de prononcer contre l'accusé les peines pécuniaires (1) ; en effet, la culpabilité étant démontrée, la démence ne pouvait soustraire l'accusé qu'aux peines corporelles. Cette décision, qui pouvait être utile à une époque où toute l'instruction était écrite, ne saurait avoir une application actuelle, puisque l'instruction orale, où se puisent tous les éléments du jugement, ne se termine qu'au moment même de ce jugement, et il paraît difficile de supposer que la folie se produise précisément dans l'intervalle qui sépare les débats du jugement. Mais, même dans cette hypothèse, s'il s'agit de condamnations civiles, on sait que les Tribunaux criminels ne peuvent les prononcer qu'accessoirement aux jugements d'acquittement ou de condamnation ; et quant aux amendes, elles constituent de véritables peines.

III. — On a demandé si la prescription doit courir pendant la suspension des poursuites occasionnées par la démence de l'accusé. Presque tous les auteurs décident que le cours de la prescription n'est pas interrompu par le temps d'arrêt subi par les poursuites

(1) Julius Clarus, *Quaest.* 60 ; Farinacius, *Quaest.*, 94, nº 18.

et qu'il se continue en faveur de l'aliéné (1). Cependant la Cour de Cassation, dans un arrêt du 8 juillet 1853 (2), a tranché la question dans un sens opposé. Il est vrai que, dans l'espèce de cet arrêt, la poursuite, suspendue par l'état de démence de l'accusé, n'avait jamais cessé ; mais l'arrêt se fonde, en outre, sur ce motif qui ne me paraît pas fondé : « que l'impossibilité où se trouve le Ministère Public d'agir dans de telles circonstances, résulte du principe de droit consacré par la doctrine et par la jurisprudence : *contra non valentem agere non currit præscriptio ;* qu'on ne concevrait pas, en effet, que le Ministère Public se trouvant, par un fait indépendant de sa volonté, dans l'impossibilité d'agir, on pût se prévaloir de son inaction pour faire prononcer la déchéance de l'action publique dont l'exercice lui est confié »

§ III. — Démence survenue après la condamnation définitive.

I. — Non exécution de la peine de mort et des peines privatives de la liberté. — II. Exécution des condamnations a des peines pécuniaires.

I. — Lorsque l'aliénation mentale ne se manifeste qu'après la condamnation à la peine de mort, ou à une peine privative de liberté, il est évident que l'exécution doit être suspendue ; car il serait inhumain et

(1) Voir aussi Cass., 22 avril 1813.
(2) Bull., n. 192.

absurde de faire monter un insensé sur l'échafaud,
même pendant un intervalle lucide (1), ou de lui faire
porter des fers (2). Toutefois Rousseau de Lacombe
a contesté ce sursis ; il veut que le condamné à mort
tombé en démence soit exécuté, « l'exécution des
peines, dit-il, ayant l'exemple pour principal objet (3). »
Muyart de Vouglans modifie cette opinion en limitant
l'exécution des condamnés en démence à ceux seulement
qui ont commis des crimes de lèse-majesté, *à cause de
l'exemple* (4). Ces opinions et ces distinctions respirent
entièrement l'esprit de l'ancienne jurisprudence.

Si la condamnation est d'une peine privative de liberté, elle ne peut certainement être exécutée contre
un aliéné, telle qu'elle a été prononcée. L'hospice doit
remplacer la prison, et l'internement compte dans la
durée de la peine : l'autorité administrative en a. du
moins, décidé ainsi par pure bienveillance, car, rigoureusement, il devrait en être autrement (5).

II. — Si la peine prononcée est une peine pécuniaire
(amende, confiscation). la démence du condamné ne

(1) Contra, *Carnot*, t. Ier p. 205.
(2) Voir Julius Clarus, *Quaest*, 60, n° 8 ; Farinacius, *Quaest.*
94, n° 13 ; Baldus, in l. human., § 46, C. de impub. ; Tiraqueau,
causa 3, n° Ier.
(3) *Traité des mat. crim.*, p. 39.
(4) *Lois crim.*, p. 28.
(5) Voir Cabat, *Du calcul de la durée des peines à l'usage des
parquets*, p. 46 et 47.

fera pas obstacle à son exécution. L'amende et la confiscation, dès qu'elles sont prononcées, perdent, à certains points de vue, leur caractère pénal : elles deviennent des dettes, grevant le patrimoine, et peuvent être exécutées sur le patrimoine, en quelque main qu'il ait passé et quelle que soit la condition du débiteur.

Mais si l'insensé était insolvable, pourrait-on employer la contrainte par corps contre lui ? Je ne le pense pas ; car, la contrainte par corps joue un double rôle en matière pénale : elle est tout à la fois une peine et une épreuve de solvabilité : or, ni à titre de peine, ni à titre d'épreuve de solvabilité, on ne la conçoit employée contre un insensé, puisque cet insensé ne sait plus ce qu'il possède et ne peut comprendre pourquoi on le punit.

CHAPITRE III

DE LA CONDITION DES ALIÉNÉS

———

§ I. — Condition des aliénés avant la loi du 30 juin 1838.

I. Droit Romain. — Dans l'intérêt de la sécurité
publique les Romains décidèrent que le fou « diligen-
tius custodiendus erit (1) ». Il pouvait être soigné à
domicile « in propriâ villâ », ou dans un établissement public.

A domicile ses proches devaient le surveiller atten-
tivement et, au besoin, l'enchaîner ; autrement ils
étaient punis pour leur négligence (2). Déjà la loi des
XII Tables avait confié aux agnats la personne du
fou. Puis, le curateur avait été chargé de veiller à sa

———

(1) L. 14, p. D. *De off. praes.*, 1, 18.

(2) L. 9 § 2, D., *De leg. Pomp. de parr.*, 48, 9 ; 14 *in fine*, D.
De off. praes., 1, 18.

santé : « Consilio et opera curatoris tueri debet..... corpus ac salus furiosi (1). Le mari devait prodiguer tous ses soins à sa femme atteinte de folie ; s'il s'y refusait, le curateur ou les parents pouvaient recourir au magistrat (2).

Lorsque le fou ne pouvait être soigné à domicile, on l'enfermait dans une prison (3), mais, à Rome, les prisons n'avaient pas que le caractère de lieu de punition : « Carcer enim ad continendos homines, non ad puniendos haberi debet (4) ». On est même tenté de croire que, de bonne heure, les aliénés, à Rome, furent recueillis dans des hôpitaux (*valetudinaria*). Un édit de Claude, nous dit Justinien, recommandait au maître de soigner son esclave ou de l'envoyer dans un hospice « *in xenonem* » sous peine de perdre sa puissance dominicale (5).

II. Moyen-age et temps modernes. — En·France, comme dans tous les autres pays de l'Europe, rien n'était plus triste que le sort des aliénés pendant le moyen-âge. La folie n'était pas considérée comme une maladie, mais comme une punition divine. Les fous, que l'on croyait possédés du démon, étaient

(1) L. 7 pr. D. *De cur. fur.*, 27, 10.
(2) L. 22 § 8. D. *Solut. matrim.*, 24, 3.
(3) L. 13 § 1, D. *De off. praes.*, 1, 18.
(4) L. 8 § 9, D., 48, 19.
(5) Const. 1 § 3, C. *De lat. lib. toll.*, 7, 6.

persécutés d'une manière impitoyable. L'exorcisme paraissait le seul remède à leur mal, et comme il n'était pas toujours efficace, on chassait les mauvais esprits de leur corps par les flammes ou par d'autres procédés violents. « On ne sait, dit Esquirol (1), ce que devenaient autrefois les aliénés ; il est vraisemblable qu'il en périssait un grand nombre. Les fous furieux étaient renfermés dans les cachots ; les autres dans les couvents ou les donjons, lorsqu'ils n'étaient point brûlés comme sorciers ou comme possédés du démon. Les plus tranquilles erraient librement abandonnés à la risée, aux injures ou à la vénération ridicule de leurs concitoyens. »

Ce fut aux religieux que les fous durent les premiers soins (2). Des ecclésiastiques réguliers ou séculiers s'organisèrent pour recueillir les aliénés et adoucir du moins leur sort, quand on avait perdu tout espoir de les guérir.

Le plus ancien établissement de France semble être celui de Marseille ; il existait dès le commencement du XVI\ siècle. Sa destination primitive était de recueillir indistinctement tous ceux qui souffraient d'une maladie quelconque. Les fous y furent admis, mais, dès la première moitié du XVI\ siècle, le Conseil municipal de Marseille interdit aux aliénés l'entrée de cet

(1) Esquirol, *De l'aliénation mentale*, t. II, p. 436.
(2) Fodéré, *Du délire*, t. I, § 62.

hospice et leur désigna l'hôpital de Saint-Lazare, situé aux portes de la ville et qui avait été créé pour recueillir les incurables. Les malheureux insensés n'eurent point à se louer de ce changement. « Ils furent, nous dit Fodéré, enfermés dans un local séparé, réunissant toutes les conditions d'insalubrité et d'incommodité des prisons à cette époque ; beaucoup d'entre eux étaient relégués dans des loges souterraines et humides, où on ne s'occupait que du soin de leurs chaînes ». Ce déplorable régime fut continué pendant deux siècles.

A la même époque, les Pénitents Noirs de la Miséricorde fondèrent un hospice, qui l'emporta de beaucoup sur celui de Marseille, non seulement par l'humanité avec laquelle les aliénés y étaient traités, mais encore par les guérisons qu'on y obtenait.

Dans le nord de la France, deux frères, du nom de Bonfils, traitèrent l'aliénation mentale. On leur doit l'établissement de plusieurs hôpitaux et des efforts sérieux tentés pour découvrir des procédés thérapeutiques, Saint Vincent de Paul fit beaucoup pour les aliénés ; c'est grâce à lui que les pouvoirs publics finirent par s'émouvoir du sort de ces infortunés et prirent des mesures à leur égard. Louis XIV, qui avait fondé des hôpitaux généraux pour la répression de la mendicité, ordonna qu'un quartier séparé soit destiné aux aliénés dans ces établissements. Cette disposition, d'ailleurs, fut plutôt prise dans l'intérêt du public que dans celui des fous, car, après les avoir internés, on ne songea nullement à leur appliquer un mode de traitement. Au XVIIe siècle, d'ailleurs, les maisons religieuses continuèrent à recevoir et à traiter les aliénés d'une façon plus ou moins scientifique : ils étaient confondus avec les libertins et les dissipateurs dont les familles obtenaient l'internement dans ces sortes d'établissements. Paris fut longtemps privé d'hôpitaux d'aliénés. Ce fut un édit du Parlement, en 1660, qui leur ouvrit les portes de l'Hôtel-Dieu, où il leur fut ménagé des salles séparées. Les fous, regardés comme incurables furent, suivant leur sexe, dirigés sur Charenton, Bicêtre ou la Salpêtrière. Dans ces établissements, leur situation était des plus précaires. Abandonnés, presque sans soins, à la brutalité des surveillants, leur sort ne différait guère de celui des gens enfermés pour crimes. Pendant toute la première moitié du XVIIIe siècle, on se contenta de construire des asiles ; ce ne fut qu'en 1781 que s'accentua un mouvement de réforme en faveur des aliénés. Louis XVI, sur les observations de Joseph II, édicta une instruction sur le traitement des aliénés dans les asiles. A la même époque, John Howard provoqua en Angleterre d'heureuses innovations. Cet homme illustre parcourut plusieurs fois l'Europe pour visiter les hospices d'aliénés, et fit au public un tableau saisissant de la situation et des réformes à accomplir. En France, l'Académie nomma une Commission savante, dans laquelle figuraient, entre autres, les noms de Lavoisier, Bailly, Daubanton, Delaplace et Tanon, qui publia de très intéressants mémoires. Ces efforts devaient difficilement aboutir : une aussi importante réforme réclamait bien des ménagements ; puis. les esprits étaient préoccupés de questions plus graves encore ; la révolution approchait, ce n'était plus l'heure des études pacifiques. En 1789, l'état des aliénés n'a fait aucun progrès. Le rapport du duc de Larochefoucault-Liancourt, membre d'une commission nommée par l'Assemblée, nous le fait douloureusement constater. « La folie. dit-il à propos de Bicêtre, est considérée ici comme incurable. Les fous ne reçoivent aucun traitement... Ceux dont la folie est dangereuse sont enchaînés comme des bêtes fauves. »

III. — LE DROIT INTERMÉDIAIRE fit peu pour l'aliéné. Aucune disposition législative spéciale ne leur fut consacrée. Les quelques articles de lois ou décrets que nous allons citer, s'en occupent incidemment. L'article 9 de la loi du 24 mars 1790 ordonne de vérifier la réalité de la folie des personnes internées pour ce motif. en vertu d'une lettre de cachet. L'article 3 du titre XI de la loi du 24 août 1790 confie à la vigilance de l'autorité communale, le soin : « d'obvier ou de remédier aux événements fâcheux qui pourraient être occasionnés par les insensés ou les

furieux laissés en liberté. » Et l'article 15 du titre I
du décret du 19 juillet 1790 punit d'une amende
« ceux qui laisseront divaguer des insensés ou des
furieux. ou des animaux malfaisants et féroces... »
Les termes de cet article nous font voir qu'à cette
époque encore, les malheureux aliénés étaient assimi-
lés aux bêtes malfaisantes. C'est ce que constate
M. de Montalivet dans son exposé des motifs : « On
ne songeait alors, dit-il, qu'aux dangers dont l'insensé furieux pouvait menacer la sûreté publique ; on
ne s'était point occupé de la protection qui était due
au malheur, dans la personne de l'aliéné, ni des
conditions nécessaires à son traitement (1). » La loi
du 24 vendémaire, an II, titre III. article 7, confondit
les aliénés avec les criminels, et ordonna leur dépôt
dans les maisons de répression, où, pauvres. ils étaient
reçus gratuitement. et riches payaient pension. C'est
alors que nous voyons l'illustre Pinel. médecin de
Bicêtre, organiser la réforme du régime auquel étaient
soumis les aliénés. Ce grand homme fit faire d'im-
menses progrès au traitement de l'aliénation. Les
furieux ne furent plus enchaînés : les liens, les
verrous, tous les moyens violents furent rejetés.
Seule la camisole de force dut être maintenue dans
les accès de folie. On sépara les malades en diverses
catégories, et on les soumit au traitement le mieux

(1) Voir *Le Moniteur* du 7 janvier 1837.

approprié à leur genre d'affection. Une lettre du
ministre de la justice en date du 15 thermidor an IX,
fait foi des efforts qui furent tentés ; nous la citerons
en partie : « Dans l'état actuel de la législation, je
pense que l'autorité administrative, pour obvier aux
événements fâcheux qui pourraient résulter de la
liberté dont jouirait un insensé, est autorisée par l'article 3 du titre XI de la loi du 24 août 1790, à le faire
arrêter et placer provisoirement dans un dépôt de sûreté, mais cette mesure essentiellement provisoire ne
peut jamais dispenser de faire prononcer définitivement
sur son état par les tribunaux : c'est à eux seuls qu'il
appartient de déclarer par jugement la démence des
individus qui en sont atteints, après les avoir inter-
rogés et après avoir entendu des témoins et fait vérifier leur état par des officiers de santé. C'est au surplus
à leurs parents ou au Ministère public, à leur défaut,
à provoquer ces jugements. » Le Ministre termine
cette instruction en rappelant la procédure à suivre
lorsque l'administration a opéré l'arrestation d'un
aliéné : le tribunal doit fixer son état, et ce n'est
qu'après jugement que l'insensé est placé dans les
maisons destinées à le recevoir. Quand il n'y a pas
urgence, le tribunal prononce avant que l'administration l'ait fait interner. En cas de retour à la raison,
c'est le tribunal, qui s'est prononcé sur l'internement,
qui ordonne sa mise en liberté. Dans aucun cas l'autorité administrative ne saurait y procéder : elle n'a

que le droit de provoquer cette mesure en s'adressant
au ministère public.

IV. — Le Code Civil ne s'occupe que des individus
qui se trouvent dans un état habituel d'imbécillité, de
démence ou de fureur. Il n'autorise, à leur égard, que
la mesure de l'interdiction. Les auteurs du Code, en
organisant le régime de l'interdiction, ont voulu, en
première ligne, sauvegarder les intérêts pécuniaires
de l'aliéné. Pour cela ils ont négligé d'autres intérêts
beaucoup plus importants. Ainsi l'ordre public exige
impérieusement que tout individu qui, par ses actes
ou paroles, compromet la sûreté des personnes ou
trouble leur tranquillité, soit arrêté sur-le-champ, ou
s'il s'agit d'un aliéné, irresponsable de ses actes, qu'il
soit séquestré. Or, le Code Civil n'admet pas la séquestration immédiate, il impose seulement au ministère public l'obligation de provoquer l'interdiction
quand l'aliéné est en état de fureur. Comme l'aliéné
non interdit ne pouvait être séquestré, il fallait attendre
que l'autorité judiciaire prononçât le jugement d'interdiction, ce qui exigeait beaucoup de temps. Dans
l'intervalle, pour que l'ordre public ne fut pas troublé.
on mettait les aliénés en prison, confondus avec les
plus vils scélérats. En outre, un très grand nombre
de familles reculaient devant la longueur et la procédure en interdiction, dont l'éclat et la publicité
avaient pour résultat de divulguer une situation que

très souvent on voudrait, au contraire, laisser ignorer, et, en outre, la procédure en interdiction entraînait des frais plus ou moins considérables. Sans avoir donc recours à l'interdiction, on séquestrait des personnes aliénées, ou prétendues telles, dans des établissements consacrés à ce genre de maladie. Beaucoup de personnes étaient ainsi renfermées quelquefois toute leur vie, et cela sans jugement, sans aucune procédure, sans aucun contrôle de la part de l'autorité publique. Certes les auteurs du Code Civil n'avaient nullement l'intention de créer un état de choses tellement lamentable ; ce sont les lacunes de leur œuvre qui favorisaient les attentats à la liberté individuelle.

Sous l'inspiration de Pinel et d'Esquirol, l'article 64 du Code Pénal proclama l'irresponsabilité des déments, et prit quelques mesures protectrices de leur liberté individuelle : les articles 114 à 122, et 186 répriment les atteintes qui y seraient portées par les fonctionnaires publics ; les articles 341 à 343 répriment celles qui y seraient portées par les simples particuliers ; les articles 475, § 7 et 479 § 2 renouvellent les peines prononcées contre ceux qui laisseraient divaguer les fous dont ils ont la garde, et ceux qui occasionneraient la mort ou des blessures aux animaux d'autrui par l'effet de cette divagation.

Malgré ces améliorations, les abus étaient révoltants, les progrès à faire ; « les aliénés étaient placés dans des loges humides et souterraines, sans fenêtres

et sans air ; on laissait les foux furieux coucher sur
la terre ou sur le pavé ; la paille des autres n'était pas
toujours renouvelée quand elle était salie ; leurs infir-
miers ou plutôt leurs geôliers étaient armés de bâtons,
de nerfs de bœuf, et se faisaient accompagner par des
chiens ; il fallut les prescriptions réitérées de l'autorité supérieure pour que les aliénés fussent régulièrement visités par des médecins (1) ». Et pourtant Pinel
et Esquirol avaient apporté la bonne parole !

V. — LE GOUVERNEMENT DE LA RESTAURATION ne fit
rien, ou du moins ne fit que peu de choses pour remédier à cette situation déplorable. Au contraire, le gouvernement de juillet comprit la nécessité d'y mettre un
terme. Une enquête prescrite en 1883 révéla que plus
de trois mille aliénés se trouvaient en état de vagabondage, dépourvus de tous soins. « Cet état de choses,
disait le ministère, et de nouvelles plaintes qui nous
sont parvenues soit sur l'état des aliénés non secourus,
soit sur la direction, le régime intérieur ou le service
médical de beaucoup d'établissements, ont fait sentir
la nécessité non seulement d'ouvrir de nouvelles maisons d'aliénés, mais encore d'agrandir et d'améliorer
celles qui existaient, en les soumettant à un contrôle
semblable à celui qui a produit un si heureux résultat
pour les autres établissements de bienfaisance (2). »

(1) *Circulaire ministérielle* du 16 juillet 1819.
(2) *Circ. min. int.*, 14 sept. 1823, 25 juin 1836.

La nécessité d'une loi nouvelle s'imposait également par ce fait que les communes et les hospices se refusaient à supporter les frais nécessités par la garde des aliénés. On remédia provisoirement à cet état de choses en obtenant du pouvoir législatif l'insertion, dans la loi des finances de 1837, d'une disposition ainsi conçue : « Les dépenses pour les aliénés indigents sont assimilées, pour cette année, aux dépenses variables départementales, sans préjudice du concours de la commune du domicile de l'aliéné, et, s'il y a lieu, du concours des hospices. » Malgré ces améliorations, une enquête sérieuse, ordonnée par le gouvernement en 1835, démontra que la législation en vigueur était insuffisante et qu'une nouvelle loi s'imposait (1).

§ II. — Loi de 1838 et son insuffisance.

Une législation générale et définitive s'imposait sous tous les rapports. Le gouvernement prépara les éléments d'un projet de loi qui fut soumis à la Chambre des Députés le 6 janvier 1837 (2). On n'y trouvait aucune disposition relative à la création d'établissements nouveaux ; rien n'était changé au système des hôpitaux publics ; on se contentait d'exiger l'autorisation

(1) Pandectes françaises, voir *Aliénés*, nᵒˢ 84-86.
(2) Voir *Le Moniteur* du 7 janvier 1837.

administrative pour les établissements privés. Ce projet fut vivement critiqué et démontré insuffisant. Par suite de la discussion à la Chambre des Députés, sur le rapport de M. Vivien, on y apporta plusieurs amendements. On décida que chaque département aurait l'obligation de soigner ses aliénés ; on traça les règles relatives à l'admission dans les asiles et aux conditions d'existence de ceux qui y étaient enfermés. Le projet de loi, ainsi modifié, fut porté devant la Chambre des Pairs par le Ministre de l'Intérieur dans la séance du 28 avril 1837 (1). Une commission fut nommée et lui fit subir de nouvelles et importantes modifications. Le marquis de Barthélemy rédigea le rapport. Devant les profonds changements subis par le projet primitif, le Gouvernement crut utile de procéder à une nouvelle élaboration administrative. M. de Montalivet présenta la nouvelle rédaction à la Chambre des Pairs le 15 janvier 1838. Une nouvelle commission fut nommée et le marquis de Barthélemy fut chargé pour la seconde fois de la rédaction d'un rapport. Plusieurs propositions très sages furent faites à la Chambre des Pairs, qui, après ces remaniements partiels, vota le projet de loi dans son ensemble. La Chambre des Députés l'adopta presque en entier et ne lui fit subir que de légers changements. Il revint devant la Chambre des Pairs qui introduisit une

(1) Voir *Le Moniteur*, 29 avril 1837.

importante disposition concernant le droit de requérir la sortie de l'aliéné. Le troisième et dernier examen auquel le projet fut soumis ne fut qu'une pure
formalité. La loi fut promulguée le 30 juin 1838 ; elle
a été suivie d'une ordonnance réglementaire d'exécution en date du 18 décembre 1839 et de plusieurs cir-
culaires ministérielles : notamment celles du 23 juillet 1838 sur l'ensemble de la loi, du 18 septembre 1838
sur l'admission provisoire des aliénés dans les hospices et les hôpitaux civils, du 4 août 1840 sur le
placement des aliénés non dangereux.

Elle forme, avec l'ordonnance réglementaire du
18 décembre 1839, la base de notre législation actuelle sur les aliénés.

La loi de 1838 a eu le mérite d'élever le fou « à la
dignité de malade » et de changer ses prisons hor-
ribles en asiles de traitement. Elle a été le statut de
réhabilitation de l'aliéné ! Pourtant elle contient une
lacune considérable (1), car elle ne s'est pas occupée des
aliénés criminels. Pour la réparer, on leur a appliqué,
malgré la différence des situations, les dispositions
relatives aux aliénés « *que l'on soupçonne d'être un*

____

(1) Cette lacune a été voulue, car, dans la séance du 7 avril
1837, M. Royard avait, en effet, proposé un amendement qui fut
renvoyé à la commission ; puis, finalement, repoussé par les
deux chambres. De leur côté, MM. Dupin, de Rémusat, etc...,
avaient attiré l'attention sur ce sujet, mais leurs observations ne
furent pas entendues.

péril pour la sécurité publique. » Le préfet est donc investi du droit de requérir leur séquestration d'office. Est-ce là une mesure suffisante pour la sauvegarde des intérêts sociaux ? L'expérience a démontré le contraire. Il arrive, en effet, la plupart du temps, que l'aliéné absous par la justice n'est pas mis à la disposition du préfet : il est rendu à la liberté par l'autorité judiciaire. Il en est ainsi spécialement de tous les aliénés traduits aux assises, car, le verdict du jury n'étant pas motivé, il n'est pas possible de savoir si l'acquittement est dû à l'état mental de l'accusé ou à la non existence du fait criminel relevé contre lui. Voilà une première et grave imperfection de la loi. Continuons. Le Ministère public livre, je suppose, l'aliéné à l'administration. Le préfet va-t-il ordonner immédiatement l'internement dans un asile ? Non, car la décision judiciaire ne le lie pas, et son droit d'appréciation reste absolu. Aussi soumet-il toujours l'individu à séquestrer à l'examen d'un médecin spécial, sans tenir aucun compte du rapport dressé par le médecin de la justice. Il a seul la responsabilité de sa décision, et il est juste, par conséquent, qu'il choisisse lui-même l'expert chargé de la préparer, qui pourra différer de l'avis du médecin choisi par la justice. Le préfet, en face du rapport de son expert déclarant sain d'esprit l'homme que les tribunaux ont cru fou, refusera alors d'ordonner son placement dans une maison d'aliénés, et voilà le délinquant ou le criminel remis en liberté ! L'autorité judiciaire l'avait acquitté pour cause de démence, l'autorité administrative le met en liberté parce qu'il n'est pas fou !

A côté de cette regrettable contradiction que fera naître souvent, sous notre législation actuelle, l'état imparfait des théories médicales en matière de folie, des hésitations fort légitimes s'élèveront quelquefois aussi dans l'esprit du médecin de l'administration. On ne séquestre pas, en effet, tous les aliénés indistinctement par mesure administrative ; l'internement ne s'applique qu'à ceux *qui peuvent être un péril pour la société.* Or, s'il y a beaucoup d'insensés dangereux, il y a aussi des insuffisants, des idiots, qui commettent des délits sans qu'il y ait beaucoup à craindre qu'ils troublent jamais sérieusement l'ordre public. Il peut même arriver qu'un fou furieux, acquitté pour cause de démence au temps de l'action, ait recouvré, depuis la perpétration de l'acte, les apparences de la santé. Dès lors, comment distinguer à la seule inspection du malade, s'il s'agit, dans le premier cas, d'un aliéné inoffensible ou capable d'inspirer des inquiétudes, et, dans le second, si cette intermission de la folie, qui s'est produite depuis le crime, est l'indice d'une guérison complète ou n'est, au contraire, qu'un armistice passager ? Ce sont là des secrets d'avenir à surprendre, et ce ne peut être que par l'étude attentive des faits dont l'aliéné s'est rendu coupable, par la connaissance de ses habitudes, de ses antécédents, de ses instincts,

de ses tendances, en un mot par une information mi-
nutieuse sur ce qu'il a été dans le passé, sur ce qu'il
est dans le présent, qu'on peut arriver à se faire une
opinion réfléchie sur ce qu'il promet pour l'avenir.
Eh bien ! ce médecin de l'administration, privé de ces
renseignements, et n'ayant devant lui qu'un malade
à examiner, se trouve donc, par la force des choses,
en face d'une incertitude absolue. Il arrive fréquemment alors que, malgré sa parfaite bonne foi, sa décision est en contradiction avec tous les faits recueillis
dans l'information judiciaire, et qu'il met en liberté,
à défaut d'éléments d'appréciation suffisants, un individu que tout désigne comme dangereux et suspect de
récidive. Il est vrai que le préfet n'est pas obligé de
se conformer aux propositions qui lui sont faites par
son expert, et qu'il peut, malgré son avis, prononcer la séquestration. Mais, en fait, quand le médecin choisi par l'administration, investi de sa con-
fiance, propose la mise en liberté, quel parti peut
prendre le préfet, qui n'est pas mieux renseigné que
lui, sinon d'admettre cette opinion et d'ordonner l'é-
largissement ? D'ailleurs, les préfets sont amenés, par
des considérations financières très sérieuses, à ne pas
résister aux propositions de mise en liberté qui leur
sont faites, car, depuis la promulgation de la loi de
1866, le nombre des aliénés à entretenir dans les asiles
est fixé par les conseils généraux, de telle sorte que,
pour ne pas dépasser les limites du crédit qui leur a

été ouvert, les préfets se trouvent dans la nécessité de restreindre, autant que possible, le chiffre des internements (1).

Comment, dès lors, ne saisiraient-ils pas l'occasion qui leur est offerte d'alléger les dépenses de l'asile, en rendant à la liberté un individu que le médecin déclare guéri?

§ 3. — Réformes proposées pour remédier à la loi de 1838.

Depuis la loi de 1838, la question des aliénés criminels a été maintes fois étudiée et discutée : en 1869, par la *Société médico-psychologique de Paris*; en 1870, par la *Société de législation comparée* (2) ; en 1875, par le *Congrès des sciences médicales* réuni à Bruxelles ; en 1877, par la *Société de médecine légale de France* ; en 1878, par le *Congrès de médecine mentale* tenu à Paris ; en 1881, par la *Société générale des Prisons* (3) ; en 1895, par le *Congrès international pénitentiaire* ; enfin, en 1897, par

______

(1) Sur tous ces points, voir le beau discours prononcé par M. L. Dayras, le 3 novembre 1881, à la rentrée solennelle de la Cour d'appel de Besançon.

(2) Rapport de M. le conseiller Bertrand, qui contient l'analyse d'une enquête au cours de laquelle furent entendus un grand nombre de magistrats, de médecins et d'avocats, ainsi qu'une étude très approfondie des législations étrangères à cette époque. (*Bulletin de la Société de lég. comp.*, 1871).

(3) Rapport de M. Proust, alors substitut au Tribunal de la Seine, (*Bulletin*, 1881, p. 113, 219 et 353).

la *Société Générale des prisons* et par le *Congrès international de médecine légale* qui s'est tenu à Bruxelles, (août 1897).

A la suite de l'enquête administrative de 1869, diverses propositions de loi, dues à l'initiative de quelques membres du Parlement (2), et des travaux de la Commission extraparlementaire que le Gouvernement avait instituée le 10 mars 1881, le Sénat fut enfin saisi, le 25 mars 1882, d'un projet de loi, qui a été rapporté le 20 mai 1884 par M. le sénateur Théophile Roussel. Ce projet de loi voté par le Sénat le 11 mars 1887, et transmis à la Chambre des Députés le 24 juin suivant, a été maintes fois repris devant cette assemblée et a donné lieu à quatre rapports successifs : de M. Bonneville (12 juillet 1889) ; de M. Ernest Lafont (21 décembre 1891 et 19 février 1894) et de M. Fernand Dubief (27 novembre 1896), rapports qui n'ont jamais été discutés.

Voici le texte adopté par le Sénat :

« Article 36. — Les individus de l'un et de l'autre sexe condamnés à des peines afflictives et infamantes ou correctionnelles de plus d'un an d'emprisonnement, et qui sont reconnus épileptiques ou aliénés pendant qu'ils subissent leur peine, et dont l'état

____

(2) Proposition de MM. Gambetta et Magnin, du 21 mars 1870, et de MM. Th. Roussel, Lockroy, Albert Desjardins du 25 juillet 1872.

d'aliénation a été constaté par un certificat du médecin de l'établissement pénitentiaire, peuvent être, après avis du médecin inspecteur du département dans lequel l'établissement pénitentiaire est situé, conduits dans des quartiers spéciaux d'aliénés annexés à des établissements pénitentiaires, et y être retenus jusqu'à leur guérison ou jusqu'à l'expiration de leur peine. »

« Article 37. — Est mis à la disposition de l'autorité administrative pour être placé dans un établissement d'aliénés, dans le cas où son état mental compromettrait la sécurité, la décence ou la tranquillité publique ou sa propre sûreté, et après de nouvelles vérifications, si elles sont jugées nécessaires :

« 1° Tout inculpé qui, par suite de son état mental, a été considéré comme irresponsable et a été l'objet d'une ordonnance ou d'un arrêt de non-lieu ;

« 2° Tout prévenu poursuivi en police correctionnelle qui a été acquitté comme irresponsable à raison de son état mental ;

« 3° Tout accusé ou prévenu poursuivi en cour d'assises ou en conseil de guerre qui a été l'objet d'un verdict de non-culpabilité, s'il résulte des débats qu'il était irresponsable à raison de son état mental.

« Dans ces cas, l'ordonnance, le jugement ou

l'arrêt qui prononce le non-lieu ou l'acquittement, et, en cas de verdict de non-culpabilité, la Cour d'assises, par un arrêt spécial, renvoie l'inculpé, le prévenu ou l'accusé devant le tribunal en Chambre du Conseil... Jusqu'à la décision du tribunal, l'individu présumé aliéné est retenu dans l'un des locaux ou établissements prévus par l'article 40 ci-après.

« ARTICLE 38. — L'Etat fera construire ou approprier un asile spécial ou plusieurs asiles spéciaux pour les aliénés dits criminels de l'un et de l'autre sexe, où seront conduits et retenus, en vertu d'une décision du Ministre de l'Intérieur, les aliénés mis à la disposition de l'autorité administrative en exécution de l'article 37.

« Pourront également y être conduits et retenus en vertu d'une décision du Ministre de l'Intérieur, sur la proposition du Comité supérieur des aliénés :

« 1° Les aliénés qui, placés dans un asile, y auront commis un acte qualifié crime ou délit contre les personnes.

« 2° Les condamnés à une peine correctionnelle de moins d'un an d'emprisonnement, qui deviennent aliénés pendant qu'ils subissent leur peine :

« 3° Les condamnés reconnus aliénés, dont il a été parlé à l'article 36, lorsque, à l'expiration de leur peine, le Ministre de l'Intérieur aura reconnu dangereux soit de les remettre en liberté, soit de les transférer dans l'asile de leur département.

« Tout aliéné traité dans l'asile ou les asiles spéciaux, créés en vertu du présent article, peut être transféré dans l'asile de son département en vertu d'une décision du Ministre de l'Intérieur rendue sur la proposition motivée du médecin traitant et après avis du Comité supérieur. »

« ARTICLE 39. — Lorsque la sortie des aliénés, internés en vertu des articles 36 et 37, est demandée, le médecin traitant doit déclarer si l'interné est ou non guéri, et, en cas de guérison, s'il est ou non légitimement susceptible de rechute. La demande et la déclaration susdites, accompagnées de l'avis motivé du médecin inspecteur, sont déférées de droit au Tribunal qui statue en Chambre du Conseil... »

« Si la sortie n'est pas accordée, la Chambre du Conseil peut décider qu'il ne sera procédé à un nouvel examen qu'à l'expiration d'un sursis qui ne peut se prolonger au-delà d'une année.

« La sortie accordée est révocable et peut n'être que conditionnelle. Elle est alors soumise à des mesures de surveillance réglées par la Chambre du Conseil, d'après les circonstances de chaque cas particulier. Si ces conditions ne sont pas remplies ou s'il se produit des menaces de rechute, la réintégration immédiate à l'asile doit être effectuée... »

« Article 40. — Lorsqu'un inculpé est présumé aliéné, l'expertise, prescrite en vue de déterminer son état mental, peut avoir lieu soit dans le quartier ou local d'observation et dépôt provisoire établi à l'hôpital ou hospice, conformément à l'article 34 de la présente loi, soit dans un établissement privé faisant fonction d'établissement public, si l'expert ou l'un des experts désignés est médecin de cet établissement.

« L'admission de la personne présumée aliénée a lieu en vertu d'un arrêté du préfet pris sur les conclusions de l'autorité judiciaire. Si l'expertise a lieu dans un établissement d'aliénés, la personne présumée aliénée peut être réintégrée dans la prison par ordre du préfet, aussitôt que le chef responsable en fait la demande au préfet pour motif de sécurité ou autre motif valable. »

De ce texte du projet de la loi voté par le Sénat et proposé à la Chambre, il me semble intéressant de rapprocher les conclusions présentées à la Société générale des prisons, dans sa séance du 19 mai 1897, par son rapporteur, M. Constans (1) :

1. — Tout inculpé d'un crime ou d'un délit, qui a été relaxé ou acquitté comme irresponsable, à raison de son état mental, de l'acte imputé, doit être retenu dans un asile d'aliénés.

(1) *Revue pénitentiaire*, 1897, p. 856-857.

II. — Pour assurer l'exécution de cette mesure de préservation sociale, il importe de créer des asiles ou quartiers spéciaux pour les aliénés dits criminels.

III. — Toute juridiction, qui relaxera ou acquittera un individu comme irresponsable en raison de son état mental au moment de l'acte qui lui est reproché. devra en faire mention dans son ordonnance, jugement ou arrêt.

IV. — Devant la Cour d'assises, c'est la Cour elle-même, et non le jury, qui se prononcera sur le caractère de cette irresponsabilité, soit d'office. soit sur les réquisitions du ministère public, soit sur la demande expresse de l'accusé ou de son défenseur.

V. — L'ordonnance, le jugement ou l'arrêt qui constatera l'irresponsabilité de l'individu en raison de son état mental, devra prononcer en outre le renvoi de celui-ci devant le tribunal de première instance du ressort, statuant en Chambre du Conseil, lequel, après toutes vérifications nécessaires et débats contradictoires, décidera si cet individu doit être retenu dans un des asiles ou quartiers spéciaux d'aliénés criminels.

VI. — C'est également le même tribunal, statuant comme il est dit ci-dessus, qui doit se prononcer à la requête de toute personne intéressée et après un nouvel examen médical, sur la mise en liberté provisoire ou définitive, de tout individu retenu dans un asile ou quartier spécial d'aliénés criminels.

VII. — Dans le cas où la sortie de l'asile est refusée, le tribunal peut déclarer qu'il ne sera procédé à un nouvel examen qu'à l'expiration d'un sursis, qui ne pourra se prolonger d'ailleurs au-delà d'une année.

VIII. — Dans le cas où la sortie de l'asile est ordonnée à titre provisoire seulement. le Tribunal doit prescrire les mesures de surveillance qu'il juge nécessaires suivant les circonstances de chaque cas particulier.

IX. — Tout condamné devenu aliéné pendant qu'il subit sa peine doit être retenu jusqu'à sa guérison. ou jusqu'à l'expiration de sa peine, dans un des quartiers spéciaux d'aliénés, dits asiles-prisons, dépendant d'un établissement pénitentiaire.

S'il n'est pas guéri à l'expiration de sa peine, son internement doit alors s'effectuer dans un asile de quartier spécial d'aliénés criminels.

X. — Lorsqu'un inculpé de crime ou délit est présumé aliéné, l'expertise médicale, prescrite en vue de déterminer son état mental, peut avoir lieu dans un asile d'aliénés public ou privé, ou dans tout autre établissement possédant un quartier ou local d'observation spécial, et ce en vertu d'une ordonnance du juge ou du tribunal chargé de l'instruction.

CHAPITRE IV

DES MESURES QU'IL CONVIENT DE PRENDRE
A L'ÉGARD DES ALIÉNÉS CRIMINELS

Deux mesures urgentes me semblent s'imposer à l'égard des aliénés criminels : 1° leur internement dans un asile spécial ; 2° la substitution de l'autorité judiciaire à l'autorité administrative pour ordonner cet internement et pour statuer sur la mise en liberté.

§ I. — Internement des aliénés criminels.

La question de l'internement des aliénés criminels est complexe, car elle soulève la question de démence. Il faut, en effet, constater que c'est pour cause de démence que l'accusé est relaxé ou acquitté, afin d'ordonner son internement. De là, deux questions : 1° Quelle autorité *constatera la démence* ? 2° Quelle autorité *ordonnera l'internement* ?

I. — *Quelle autorité statuera sur la démence ?* L'accord serait presque parfait sur ce point, je crois, si la question de démence ne devait jamais se présenter devant la Cour d'assises. En effet, lorsqu'un individu, à la suite d'un crime, est amené devant un juge d'instruction, et qu'il apparaît à celui-ci, en raison soit de l'attitude de l'inculpé, soit des renseignements fournis par des témoins ou par le défenseur, qu'il importe d'ordonner un examen de l'état mental, il est certain que le juge ne peut pas hésiter de recourir aux lumières des médecins aliénistes. Il confie donc à un ou plusieurs experts la mission d'examiner si le criminel jouit de ses facultés ; si les experts déclarent que l'on est en présence d'un fou, le juge peut clore son instruction et prendre toutes les mesures nécessaires pour que cet aliéné soit envoyé dans un asile spécial. Là donc aucune difficulté. On ne s'élève pas non plus contre la constatation de l'état mental du prévenu, faite par les Tribunaux correctionnels. Mais si l'affaire vient jusque devant la Cour d'assises, et que la question de l'irresponsabilité mentale ait à se poser, à qui appartient-il de la résoudre ? Est-ce au jury ou à la Cour ? Avant de répondre à cette question et d'examiner les différents systèmes qui ont été proposés, remarquons qu'on a soutenu qu'il était inutile d'envisager ce cas tout particulier, qui ne se présente presque jamais, dit-on, car, en général, la folie n'éclate pas tout à coup pendant les débats, et l'état de démence de l'accusé a toutes les chances possibles d'être constaté par les juridictions d'instruction, sur-

tout depuis la mise en vigueur de la loi sur l'instruction, votée en 1895 par le Parlement. On ajoute que si,
conformément à l'avis de la Cour de Cassation, on
avait permis au défenseur d'assister son client devant la
Chambre des mises en accusation, la question de démence ne se poserait jamais devant la Cour d'assises. Je crois cependant que le cas particulier qui
nous occupe n'est pas aussi rare qu'on le prétend :
car il peut se présenter non seulement lorsque la démence se manifeste pour la première fois pendant
les débats, mais encore lorsque la Chambre des mises
en accusation et le juge d'instruction ont estimé que
l'accusé était responsable et n'a pas fait appel à la
science médicale ; ou lorsque les experts ont émis des
avis différents. ou bien encore lorsque les juridictions
d'instruction n'ont pas voulu se ranger à l'opinion
des experts concluant à la folie.

Revenons maintenant à la question de savoir : qui
tranchera, en Cour d'assises. la question de démence ?

1ᵉʳ Système. — Dans ce premier système, on soutient
que la question de démence doit être tranchée par la
Cour, et non par le jury. Voici les arguments qu'on
invoque : la question de démence, dit-on, n'est pas une
simple question de fait, facile à résoudre, qu'on peut
abandonner à des personnes très honorables sans
doute, mais qui, généralement, n'ont ni les aptitudes,
ni les connaissances spéciales qu'exige son apprécia-

tion. Elle est tellement délicate que, même entre les
hommes de l'art, elle provoque le plus souvent des
dissentiments complets. Ceux qui ont l'expérience
des Cours d'assises savent qu'il n'y a presque pas
d'affaire où à un médecin venant dire que l'accusé est
fou, on n'oppose un autre médecin affirmant le contraire. Et, pour peu qu'un doute sérieux naisse des
débats, sur ce point important, la Cour, à la demande
du parquet ou de la défense, ou même d'office. renvoie l'affaire à une autre session pour qu'il soit procédé à un supplément d'instruction. Il faut donc,
dit-on, laisser non au jury, mais à la Cour d'assises, composée d'hommes éclairés, scrupuleux, qui
ne recherchent que la vérité et qui connaissent l'extrême gravité de l'erreur qu'ils commettent, le soin
de déclarer si un accusé doit être reconnu aliéné ou
responsable (1). En outre, dit-on, si l'on admettait le
système consistant à faire statuer par les jurés sur
l'état prétendu d'aliénation mentale des accusés qui
comparaissent devant eux, on se heurterait à une difficulté pratique qui est la suivante : il a été admis,
comme nous le verrons, que, lorsque l'aliéné criminel
a été interné et qu'il est guéri, sa libération doit être
prononcée par l'autorité qui a ordonné l'internement.
Or, si c'est le jury qui prononce l'internement, par
quelle procédure. par quelles voies pratiques, on ar-

(1) C'est l'opinion qui a été soutenue par MM. Petit et Constant
à la Soc. gén. des pris. en 1897, (*Rev. Pénit.*, p. 778, 856).

rivera, le moment venu, à réunir de nouveau tout ou partie des douze jurés qui auront prononcé sur l'état d'aliénation de l'accusé. Il me semble cependant que la même difficulté se présentera si c'est la Cour qui tranchera la démence et ordonnera l'internement : car on ne sera pas plus sûr, lorsqu'il s'agira de la mise en liberté, de pouvoir réunir les mêmes magistrats qui auront prononcé l'internement.

2ᵉ Système. — Ce système refuse à la Cour, et à plus forte raison au jury, le droit de trancher la question de démence ; car, malgré la supériorité de ses lumières, elle n'a pas la compétence voulue pour trancher une pareille question. On a proposé donc de lui substituer un *jury spécial*, composé d'aliénistes et de juristes, devant lequel la cour devrait renvoyer avant le verdict, lorsque la question d'irresponsabilité sera posée, soit par des réquisitions du Ministère public, soit par le défenseur. Et c'est seulement dans le cas où ce jury spécial décidera qu'il n'y a pas lieu d'accueillir la demande d'internement par suite d'aliénation mentale, que l'accusé reviendra devant le jury ; et il reviendra alors avec une présomption de sanité d'esprit qui permettrait de croire, comme le législateur l'a pensé, que c'est une simple question de fait, simple et facile, qui reste à résoudre.

Ce système, qui a été soutenu d'une manière fort éloquente par M. Tarde à la séance du 19 mai 1897 de la Société générale des prisons (1). est pratiqué en Italie.

Une opinion voisine a été soutenue : on a proposé le renvoi par la Cour, et avant le verdict, de l'accusé présumé aliéné, devant le Tribunal civil réuni en Chambre du Conseil.

Aucun de ces deux systèmes ne nous satisfait car les deux sont absolument contraires à nos institutions judiciaires et aux intérêts de l'accusé ; et le premier est, en outre, impraticable.

a) Ils sont d'abord *contraires à nos institutions judiciaires* : car la base de l'institution du jury est que la détermination de la culpabilité ne doit pas appartenir à un corps de magistrats qui pourraient juger *a priori*. Le jury est une garantie. et cette garantie doit être jugée nécessaire surtout en ce qui touche la preuve de culpabilité morale, car c'est surtout en cette matière que les influences de profession peuvent se faire soupçonner. Mais on dit que la question de démence est trop délicate pour être résolue par douze jurés qui n'ont aucune compétence spéciale à ce sujet, et qu'il convient de ne la soumettre qu'à la Cour.

Tout en reconnaissant que les magistrats de la Cour d'assises sont des hommes beaucoup plus éclairés que la plupart des jurés, nous ne voyons pas bien pour quels motifs leur compétence serait plus grande

(1) *Rev. pénit.*, 1897, p. 867-870.

relativement à la constatation de démence chez l'accusé. Et, en outre, comme le remarque fort bien M. Guibaud (1), « le jury n'est-il pas appelé tous les jours à trancher des questions d'une délicatesse incontestable. par exemple lorsqu'il s'agit de savoir si le fait qu'il est appelé à juger est un meurtre ou un suicide, un infanticide ou une mort naturelle, etc. ? Son verdict est suffisant pour envoyer un homme à l'échafaud, et on veut lui ôter le droit de statuer sur une question dont la conséquence extrême pourrait être l'internement d'un individu ! »

b). — *Ils sont contraires aux intérêts de l'accusé*. En effet. voici un individu qui comparaît devant la Cour d'assises. Peut-être. par le fait de son défenseur, peut-être par le fait de l'avocat général, s'élève la question de démence et de responsabilité au temps de l'action incriminée. Alors la Cour ou le jury spécial, entrant dans ces vues. pourraient dire : il n'y a pas lieu de continuer le procès ; l'accusé sera interné pour cause de démence ou renvoyé devant la Chambre du Conseil du Tribunal civil. « Mais il me paraît. disait fort bien M. le professeur Le Poittevin. à la séance de la Société générale des prisons du 16 juin 1897(2), que l'accusé est en droit de protester et de répondre : « La société m'a conduit devant la Cour d'assises en

---

(1) Guibaud, *Aliénés criminels*, Thèse, Paris, 1898.
(2) Voir *Revue pénitentiaire*, p. 1016.

m'accusant d'un crime ; eh bien ! jugeons ce crime. Vous dites que je suis un aliéné dangereux ; c'est possible ; mais pour le moment je pense et je parle raisonnablement, je suis en état de me défendre contre l'accusation, et il faut savoir si j'ai commis le crime qui m'est imputé. Mon avocat peut alléguer que, si je l'ai commis, c'était un acte d'aliénation criminelle ; peut-être M. le procureur général accepterait-il ce moyen de défense ; mais il y a d'autres questions. Je soutiens que le fait n'existe point, qu'il n'y a pas eu de crime du tout, que le prétendu crime n'est qu'un accident ou un suicide ; je soutiens, et crois pouvoir démontrer que je ne suis l'auteur d'aucun fait punissable, ou que j'étais en état de légitime défense, ou que j'ai tué par imprudence en maniant maladroitement une arme. Discutons tout cela ; après quoi. si le jury a décidé que le crime existe, que j'en suis l'auteur, on appliquera la mesure sociale qui convient : sanction pénale ou placement dans un établissement d'aliénés. Mais il faut que je puisse me défendre à tous les points de vue, sur la matérialité, aussi bien que sur la responsabilité de l'acte pour lequel je suis poursuivi. » En donnant à la Cour. avant le verdict, le droit de trancher la question de démence, on enlève à l'accusé le droit sacré de se défendre.

c). — Le premier système, avons-nous dit, est en outre *impraticable*. Supposons, en effet, que la question de démence est soulevée au cours des débats, et que la Cour estime que l'accusé n'est pas fou : elle rendra un arrêt dans ce sens, et l'audience continuera. Dira-t-on que le jury est lié par cet arrêt? Empêchera-t-on l'avocat de plaider la démence devant le jury? « Ce serait, disait M. Le Poittevin (1), une atteinte évidente à son indépendance ; dans la réalité, le jury trouverait les moyens d'éluder l'obstacle et de juger librement. Si, au contraire, ajoutait-il, l'opinion de la Cour n'a pas d'influence, ni légalement, ni en fait, sur le verdict du jury, que serait cette juridiction qui se contredirait à une heure d'intervalle, dont les deux éléments (magistrats et jurés) auraient la faculté d'affirmer successivement deux réponses contradictoires ? » Pour ces motifs, il me semble que c'est le jury, et non pas la Cour, ni le jury spécial, qui doit trancher la question de démence.

Ce système, que nous venons d'exposer, a été éloquemment soutenu par M. le professeur Saleilles à son « Cours de législation pénale comparée » (1897-1898). Quelques législations l'ont admise ; dans ce nombre il faut citer l'Angleterre, l'Écosse, les États-Unis, l'Italie, l'Autriche et l'Espagne qui la justifient ainsi : « Attendu qu'il s'agit d'une question de fait que le jury seul peut résoudre avec son indiscutable compétence, le pouvoir du tribunal de droit se trouve

(1) Séance du 16 juin 1897 de la Société générale des prisons. (*Revue Pénitentiaire*, p. 1017).

limité à l'application de la loi, en conformité de la réponse affirmative ou négative du jury. »

Est-ce à dire que la question de démence devra être posée dans toutes les affaires, et faire l'objet d'une question spéciale à poser au jury ? A ce sujet, plusieurs systèmes ont été proposés.

1ᵉʳ Système. — Suivant ce système, il faut qu'une question spéciale soit posée au jury, toutes les fois que la démence de l'accusé au moment du crime a été discutée devant la Cour d'assises (1). Car, si on laisse à des magistrats, quels qu'ils puissent être d'ailleurs, le soin de rechercher la pensée du jury et d'interpréter son verdict, ces magistrats pourront se tromper, et, au lieu de voir que le jury a rendu un verdict négatif, parce qu'il jugeait les faits matériels non établis, croire que, dans l'esprit des jurés, l'accusé est bien l'auteur d'un crime et qu'il est protégé seulement contre la peine par son inconscience : ils feront alors interner parmi les aliénés un homme parfaitement sain d'esprit, dont le seul tort aura été d'être injustement soupçonné d'un crime commis par un inconnu.

Ce système qui avait été admis sous le Code de Brumaire an IV, et que les auteurs du projet de révision du Code Pénal ont eux-mêmes proposé (ar-

(1) On a proposé même « de demander au jury, dans toutes les affaires, si oui ou non, en acquittant l'accusé, il l'a considéré comme un aliéné criminel. »

ticle 55 § 2) a été brillamment soutenu par MM. les professeurs Léveillé et Le Poittevin à la Société générale des prisons (1).

2° Système. — D'après ce système, il faut maintenir les dispositions actuelles, qui laissent au président ou à la Cour, suivant les hypothèses, le soin d'apprécier les circonstances dans lesquelles la question de folie peut être sérieusement soulevée et utilement soumise au jury. En effet. poser une question spéciale au jury toutes les fois que la défense en exprimera le vœu, c'est fort dangereux ; car, cela aurait pour résultat d'ouvrir un débat sur l'irresponsabilité de l'accusé même dans les affaires qui le comporteraient le moins, et par cela seul que la matérialité du fait ne pourrait être niée.

En outre, « n'est-il pas à craindre, disait fort bien le distingué conseiller honoraire à la Cour de Cassation, M. Poux-Franklin, qu'en face d'un problème aussi compliqué, aussi délicat que celui de la folie, le seul fait de se voir invité par la justice à en délibérer et à le résoudre ne trouble les jurés, et que la question même qui leur est posée ne prête une autorité apparente à un moyen de défense que, livrés à euxmêmes, ils auraient écarté sans hésitation ? Pourrait-on s'étonner de voir, dans ces conditions, des défail-

(1) Séances du 19 mai et 16 juin 1897 *(Rev. pénit.*, p. 878 ; 1017-1018).

lances se produire souvent, et le jury, pour échapper à une responsabilité qui l'inquiète, prendre le parti de répondre affirmativement (1) ? » Dans ce cas, la Cour d'assises, même en la supposant armée du pouvoir de prescrire l'internement, ne saurait en user contre le prévenu puisqu'elle le sait parfaitement sain d'esprit ; elle ne pourra donc que prononcer son acquittement et ordonner sa mise en liberté, à moins que la déclaration de l'aliénation par le jury eût pour effet d'entraîner, comme conséquence forcée. l'internement de l'accusé : le jury reculerait, sans doute, dans ce cas, devant la responsabilité d'une aussi grave mesure, que la justice ne pourrait pas, d'ailleurs. sanctionner.

Pour ces motifs, je crois qu'il ne faut pas poser une question spéciale au jury ; mais, pour éviter l'inconvénient relevé par le premier système, la meilleure des choses serait d'instituer le système admis pour les circonstances atténuantes : poser une seule question, mais provoquer sur cette unique question une réponse explicite du jury, et voici comment : le président des assises après avoir posé au jury la question : « X. est-il coupable de… », l'avertira que, s'il veut acquitter pour défaut de preuves, alors à la susdite question il devra répondre « non » tout court, dans quel cas l'internement ne sera pas possible ; que si,

(1) Voir *Revue pénit.* 1897, p. 1286.

au contraire, il veut acquitter pour cause de démence. alors il devra le dire dans son verdict. et la Cour pourra prononcer l'internement (1).

II. — *Quelle autorité doit statuer sur l'internement?* — Je crois qu'il faut transmettre à l'autorité judiciaire les pouvoirs confiés jusqu'ici à l'autorité administrative. Depuis fort longtemps, d'ailleurs, on demande qu'il en soit ainsi. C'était déjà le vœu émis en 1871 par la commission qui fut nommée par la *Section de législation comparée* à l'effet d'étudier les modifications à apporter à la loi de 1838 ; c'était aussi le vœu formulé. dans la séance du 25 septembre 1875, par le *Congrès des Sciences médicales réuni à Bruxelles,* et. dans la séance du 11 juin 1877, par la *Société de médecine légale de France* qui adoptait l'ordre du jour suivant : « Considérant. en principe, que la Société n'est pas suffisamment garantie contre les actes criminels ou délictueux commis par les aliénés qui sont l'objet d'une ordonnance de non-lieu ou d'un acquittement, émet le vœu que les pouvoirs aujourd'hui confiés à l'Administration, en cette matière, soient transférés au corps judiciaire. » La section de législation de la *Société générale des prisons* se prononçait dans le même sens en 1881,et, aujourd'hui, cette manière de voir est généralement accueillie avec faveur.

(1) *Sic,* M. Saleilles, à son *Cours de législation pénale comparée* (1897-98).

On a cependant contesté aux corps judiciaires le droit d'interner les aliénés. On ne lui reproche rien moins que de violer les règles de la séparation des pouvoirs. La justice, a-t-on dit, est instituée pour la répression des crimes et des délits : là se borne sa mission. Elle n'a jamais à prononcer que sur le sort d'individus coupables ; or. l'aliéné acquitté n'est qu'un malade. Il ne peut donc être détenu que par mesure préventive et, conséquemment, à la requête de l'autorité administrative. Je crois, cependant. que le principe de la séparation des pouvoirs est absolument désintéressé dans notre question. La loi de 1838 (article 29), en effet, donne au Tribunal, en chambre de conseil, le pouvoir de statuer sur l'élargissement ou le maintien , dans l'asile, du détenu, auquel le préfet a refusé sa mise en liberté. D'un autre côté, les tribunaux sont appelés à prononcer chaque jour des peines qui ont un caractère exclusivement préventif : n'en est-il pas ainsi, par exemple, en matière de vagabondage? N'en est-il pas encore de même dans un cas qui présente, avec celui qui nous occupe, l'analogie la plus frappante : je veux parler des mineurs de seize ans absous pour avoir agi sans discernement? La justice qui les acquitte peut, au nom de l'intérêt social, ordonner leur détention dans des maisons de correction pendant un temps déterminé. Ce n'est pas une peine, c'est une mesure préventive ; il ne s'agit point, en effet,

dans ce cas, de punir un délit, puisqu'il est reconnu
que le fait n'est pas criminel ; il ne s'agit que de prévenir de perverses inclinations et de corriger des pen-
chants vicieux. Or, il me semble qu'il y a une grande
analogie entre l'aliéné, dont l'intelligence est incomplète parce que la maladie l'a altérée, et l'enfant, dont
l'intelligence est incomplète parce que l'âge ne l'a
point entièrement développée. Leur situation étant
donc identique au point de vue de la responsabilité
pénale, pourquoi les magistrats, qui peuvent, dans un
intérêt supérieur d'ordre public, et par mesure préventive, priver de sa liberté l'enfant inconscient, n'au-
raient-ils pas le même pouvoir vis-à-vis de l'aliéné ?
En outre, ne s'agit-il pas de statuer sur la liberté individuelle d'un citoyen ? Or, le principe est qu'on ne
peut toucher à la personne qu'en vertu d'actes judiciaires, et que ce n'est qu'exceptionnellement que
l'administration peut être saisie d'une question de
cette nature. Dès lors, il me semble qu'on doit adopter la règle générale, plutôt que de se retrancher derrière l'exception (1).

Malgré ces raisons. la substitution de l'autorité judiciaire à l'autorité administrative pour prononcer
sur l'internement des aliénés criminels a trouvé des
adversaires assez nombreux parmi les membres du
Congrès de médecine mentale, tenu à Paris en 1878,

(1) Voir Dayras, *Op. cit.*, p. 19-22 ; Chauveau et F. Hélie,
Op. cit. n° 273.

qui a été d'avis de maintenir les droits de l'administration, en ajoutant toutefois l'obligation pour elle d'ordonner l'internement de toutes les personnes qui lui seraient désignées par l'autorité judiciaire comme ayant été l'objet d'ordonnances de non-lieu ou d'acquittements pour cause d'aliénation mentale. Mais cette opinion ne compte plus guère de partisans aujourd'hui. Pour s'en convaincre, il suffit de se reporter au texte du projet de loi voté en 1887, aux vœux formulés par le *Congrès international de médecine légale* tenu à Bruxelles (août 1897), et aux conclusions de M. Constans si favorablement accueillies par la *Société générale des prisons*.

Un point cependant, qui fait encore des difficultés aujourd'hui, est celui de savoir quelle est l'autorité *judiciaire* qui devra statuer sur l'internement des individus relaxés ou acquittés pour cause de démence?

Dans un *premier système* on soutient qu'il faut investir la Chambre du Conseil du Tribunal de la mission de se faire juge des mesures à prendre à l'égard de l'aliéné, toutes les fois que la juridiction acquitte pour irresponsabilité, et quelle que soit cette juridiction.

a). — C'est d'abord, dit-on, une garantie pour l'individu acquitté, en ce sens que la juridiction qui a acquitté ne se voit pas obligée de prononcer l'internement ;

b). — Comme il est indispensable, dit-on, que ce soit la même juridiction qui prononce l'internement et la sortie, si c'est la Cour d'assises qui doit prononcer l'internement, elle ne pourra pas prononcer la sortie, car il peut très bien se faire que, lorsque le moment de la sortie arrive, la Cour d'assises ne fonctionne pas ;

c). — Enfin, dit-on, lorsqu'il y a conflit entre le jury et la Cour, en ce sens que le jury a répondu affirmativement à la question de démence, et que la Cour a la conviction contraire, alors la Cour prononcera l'internement sans examiner si cette mesure est réellement nécessaire, mais seulement pour satisfaire ainsi à son opinion personnelle ; inconvénient qui serait écarté, dit-on, si le droit d'internement appartenait à la Chambre du Conseil.

Ce système, qui a été consacré par l'article 37 (§ 3, 2ᵉ aliéna) du projet de loi voté par le Sénat, a été soutenu, entre autres, par M. le professeur Berthélemy à *la Société générale des prisons* (1).

Dans un *second système*, auquel nous nous rallions, on estime que, dans tous les cas, — sauf celui où c'est la juridiction d'instruction qui s'est prononcée sur l'irresponsabilité, — l'autorité judiciaire appelée à statuer sur la question d'internement doit être

____

(1) Séance du 28 avril 1897 *(Revue Pénit.,* p. 787). Voir aussi : Guibaud : *Op. cit.* p. 107.

celle qui a prononcé l'acquittement, parce que cette autorité vient de voir et d'examiner l'individu qu'il s'agit d'enfermer, elle l'a interrogé, elle a lu l'avis des experts, elle a entendu des témoins. Les magistrats devant lesquels l'accusé a comparu ont pu étudier toutes les particularités de l'affaire et ils ont été à même de juger de l'opportunité de l'internement, qui n'est qu'une suite légale du fait soumis à la juridiction répressive.

Quant aux arguments invoqués par le premier système, répondons :

a). — L'internement n'est pas une conséquence nécessaire de l'acquittement ; le tribunal devant décider d'abord s'il y a ou non aliénation, et puis, ensuite, si cette aliénation est ou non dangereuse.

b). — Je ne considère pas, comme absolument nécessaire, que ce soit la même juridiction qui autorise l'internement, qui autorise aussi la sortie ; on peut, je crois, très bien admettre à ce que la Cour prononce l'internement, et la Chambre du conseil la sortie, de sorte que l'inconvénient dont on parle dans le premier système, serait hors de cause.

c). — En ce qui concerne le conflit qui pourrait survenir entre le jury et la Cour d'assises, je crois que le même danger existe. même si c'est la Chambre du Conseil qui doit prononcer l'internement car elle peut avoir une opinion contraire au jury, et alors elle prononcera l'internement pour satisfaire à son opinion personnelle, sans examiner si l'individu acquitté doit ou non être interné. Le même danger existant donc des deux côtés, pourquoi ne pas préférer la Cour, vu que, par cela, on satisfait aussi l'opinion publique ?

Ce système a été consacré par l'article 55 du projet de réforme du Code Pénal, qui est ainsi conçu : « ¡Lorsqu'un individu inculpé d'un fait qualifié crime aura été acquitté pour cause de démence, *la Cour* pourra ordonner qu'il soit placé dans un établissement d'aliénés. Si l'inculpé a été l'objet d'une ordonnance ou d'un arrêt de non-lieu, le placement pourra être ordonné par le *Tribunal Civil* à la requête du Ministère public..... » Il a été aussi fort éloquemment soutenu par M. le professeur Saleilles à son remarquable « Cours de législation pénale comparée » (1897-1898)(1).

§ II. — Création d'un asile spécial pour les aliénés criminels.

Une seconde réforme qui me semble s'imposer à l'égard des aliénés criminels, c'est leur internement dans un asile spécial, tel qu'il en existe déjà dans un

(1) *Sic*. Dayras, *Op. cit.*, p. 22, qui pourtant est d'avis que, *dans tous les cas*, l'autorité judiciaire, appelée à se prononcer sur l'internement, fut celle qui a statué sur l'acte délictueux ou criminel imputé à l'aliéné.

certain nombre de pays. La création d'un pareil asile est réclamée depuis bien longtemps. Déjà, en 1846, dans les *Annales d'hygiène et de médecine légale* (t. XXXV). et plus tard dans la *Bibliothèque du médecin praticien* (t. IX), M. le docteur Brierre de Boismont avait proposé de fonder, en France, un asile comme ceux de Broadmoor près Londres, de Dendrum en Irlande, de Perthe en Ecosse, de Bruges (asile Saint-Dominique) en Belgique. En 1863, à la *Société médico-psychologique*, M. Legrand du Saulle a renouvelé cette proposition en demandant la création. en France, d'un asile central pour les aliénés criminels. ou de plusieurs sections du même genre dans quatre des principaux asiles du pays. Cette idée avait fait son chemin, à en juger par cette note du *Journal des Débats* (6 décembre 1867) : « Il a été décidé qu'un asile spécial serait annexé aux maisons centrales dans lesquelles on placerait. après jugement, les personnes qui donneraient des signes manifestes d'aliénation mentale. Ce projet a dû être ajourné jusqu'à ce qu'on disposât des crédits nécessaires à la création de ces asiles. » Mais le gouvernement avait déjà mis, en partie. à exécution l'idée. en créant un quartier. dit de sûreté, à l'hospice de Bicêtre. En 1869, on décida également la création d'un quartier d'aliénés à la maison de Gaillon. Mais il faut remarquer que ce quartier, occupé seulement depuis le 17 mai 1876, est réservé aux individus du sexe masculin ayant été condamnés à plus d'une année d'emprisonnement et qui, en cours de peine, sont frappés d'aliénation mentale ou d'épilepsie. Le quartier de Gaillon n'est en réalité qu'un quartier de prison destiné au traitement des condamnés devenus épileptiques ou aliénés ; ce n'est donc pas un asile d'aliénés criminels proprement dits, c'est-à-dire d'individus relaxés ou acquittés pour cause de démence.

Remarquons aussi qu'il n'y a pas de quartier spécial pour les femmes : en fait, elles sont internées dans la maison centrale de Montpellier.

A. — Objections a la création d'un asile spécial.

1. — Le projet de loi voté par le Sénat prévoit la construction ou l'appropriation d'un asile spécial ou de plusieurs asiles spéciaux pour les aliénés dits criminels de l'un et de l'autre sexe (article 38). mais la Commission de la Chambre des Députés a, sous l'influence de certaines doctrines contestables. perdu de vue l'importance sociale de la question et elle a pensé que la création d'un asile spécial pour les aliénés criminels est inutile. « Il n'y a pas de raison sérieuse, dit le D' Bourneville dans son rapport, pour séparer les aliénés dits criminels des aliénés ordinaires. Ce sont des malades qui, sous l'impulsion du délire, ont commis des actes dont ils sont responsables. Ils doivent, par conséquent, être traités comme les autres

malades, c'est-à-dire, internés dans l'asile de leur département. Les placer dans des asiles nationaux serait les éloigner de leur famille et aggraver leur situation. » Cette idée avait déjà été soutenue devant la Commission de la *Société de législation comparée* en 1871, par les Drs Blanche, Voisin et Falret, qui s'exprimait ainsi : « Je ne partage pas, disait-il, une opinion souvent émise, d'après laquelle on devrait créer des asiles spéciaux pour cette classe d'aliénés (criminels). Il n'est pas bon que l'aliéné soit noté comme criminel et séparé de tous les autres, ainsi que cela existe à la sûreté de Bicêtre (1) .»

II. — On a prétendu, en outre, que le nombre des aliénés criminels à interner sera très restreint, vu que ce groupe des aliénés se recrute, en grande partie, parmi ces pseudo-irresponsables, qui, avec une interprétation moins philanthropique et plus rigoureusement scientifique du terme légal : démence, ne devraient pas être placés dans un asile d'aliénés criminels (2).

III. — On a objecté aussi les mauvais résultats obtenus par l'application du système. soit en Angle-

(1) *Société de législation comparée :* séances du 26 décembre 1871 et du 20 janvier 1872. En ce sens, voir Riboud, *Op. cit.,* p. 327.,

(2) Voir en ce sens les observations présentées par M. le Dr Charpentier, médecin en chef de Bicêtre, à la Soc. gén. des pr. (*Revue pénitentiaire*, p. 1022-1023).

terre, soit en France. « Pour ne parler que de la France et même de Paris. disait le Dr Falret. le quartier dit de sûreté, fondé à Bicêtre dans le but de réaliser en partie la proposition dont nous nous occupons. permet de juger pratiquement les inconvénients de cette mesure anti-administrative et anti-médicale (1). »

IV. — Enfin, la création d'asiles spéciaux constituerait. a-t-on dit, une dépense considérable pour les finances publiques et départementales. Pour cela, quelques-uns ont proposé que les aliénés criminels soient internés dans des quartiers spéciaux annexés aux asiles départementaux.

B. — Nécessité d'un asile spécial.

Essayons de démontrer la nécessité d'un asile spécial et de répondre aux objections que l'on a présentées à cet égard :

I. — Les aliénés, criminels ou non, sont des malades qui ont droit à toute notre sollicitude, mais les soins à donner aux uns et aux autres ne sont pas les mêmes. En effet, au point de vue thérapeutique, avec les moyens curatifs employés aujourd'hui, il n'est pas possible d'assimiler l'aliéné criminel à l'aliéné calme.

____

(1) Dr Falret, *De la responsabilité morale et légale des aliénés*, 1863, p. 21.

A l'heure actuelle, on tend de plus en plus, dans les asiles d'aliénés, à abaisser les murs, à entr'ouvrir les grilles, de façon à laisser vivre ces malheureux dans un état de liberté relative et à leur procurer tout le bien-être désirable. On obtient, par ce procédé, un certain nombre de guérisons et, dans tous les cas, une amélioration très notable. La présence d'un aliéné criminel suffira pour jeter le trouble au milieu des autres malades, et il ne sera plus possible d'accorder à ces derniers une liberté aussi grande que par le passé, et leur état mental s'en ressentira. De son côté, l'aliéné criminel lui-même en souffrira ; il ne pourra pas être traité dans l'asile ordinaire, comme il le serait dans un asile spécial. En outre, il sera un compagnon fort désagréable pour les aliénés calmes. Dans la séance du 29 juin 1889 de l'Académie de médecine de Belgique, M. le Dr Lentz, directeur de l'asile spécial de Fournai, signalait que cet asile renfermait, en moyenne, 120 aliénés criminels, dont 32 assassins, 15 incendiaires, 4 auteurs de vols, 2 faussaires, 20 voleurs, etc. ! Eh bien ! il me semble que, dans l'intérêt même de ces aliénés, comme au point de vue moral, on ne doit pas permettre une telle promiscuité.

II. — Je ne crois pas que l'asile spécial doive manquer jamais de pensionnaires, car, outre les aliénés criminels, il faudrait y diriger : 1° les aliénés qui, placés dans l'asile, auront commis un fait qualifié

crime ou délit contre les personnes : 2° les criminels
aliénés, c'est-à-dire les criminels, qui, condamnés
comme tels, deviennent fous au cours de leur peine ;
car, comme le remarquait M. le Dr Colin (1), les criminels aliénés sont, ou bien des aliénés méconnus, ou
des prédisposés à l'aliénation de par leur hérédité
morbide, et, en conséquence, le traitement qu'on doive
leur appliquer doit être le même que celui des aliénés
criminels (2).

Il me semble donc que l'encombrement est plutôt
à craindre, mais qu'il peut être évité, en ne faisant
diriger sur « *l'asile de sûreté* », d'après l'heureuse ex-

(1) *Revue pénit.*, 1897, p. 1266.

(2) C'est en ce sens que s'est prononcé le Congrès international de Bruxelles (août 1897). — Actuellement, lorsqu'un condamné est atteint d'aliénation mentale au cours de sa peine, on
le dirige sur un asile ordinaire, ou on l'interne dans le quartier
spécial de Gaillon, où il reste jusqu'à l'expiration de sa peine :
système très défectueux, car, dans le premier cas, le criminel
aliéné est un compagnon fort désagréable pour les aliénés inof-
fensifs, et, dans le second, il a à souffrir du voisinage des condamnés non aliénés. — Remarquons que le projet de loi voté
par le Sénat en 1887, et la commission de la Chambre des Députés, établissent deux catégories dans les criminels aliénés :
1° Ceux qui ont été condamnés à une peine afflictive et infamante,
ou à une peine correctionnelle supérieure à une année d'emprisonnement ; 2° Ceux qui ont été condamnés à une peine inférieure
à une année d'emprisonnement. Les deux Chambres sont d'accord pour ordonner l'internement des condamnés appartenant à
la première catégorie dans un asile-prison ; quant à ceux de la
seconde, le Sénat propose de les envoyer dans l'asile spécial ;
la Chambre préfère les diriger sur l'asile ordinaire.

pression de M. le D' Garnier, que les irresponsables systématiquement nuisibles. En effet, « il existe dans la Société (et à Paris ils sont nombreux), dit le distingué médecin en chef du Dépôt (1), des individus qui ne sont pas des aliénés caractérisés, en ce sens qu'ils n'ont pas de délire, pas d'hallucinations, mais ils ont une oblitération totale du sens moral ; ce sont des *fous moraux*, ce sont des *criminels instinctifs*. En présence de ces individus, l'expert est dans le plus grand embarras, et, pour ma part, je suis tous les jours aux prises avec des difficultés de ce genre. Ces individus-là..... lorsqu'ils ont commis un crime, au lieu de songer à se disculper, de chercher des circonstances atténuantes et des excuses, souvent ils s'en glorifient, ils se déclarent prêts à recommencer et aggravent par ce cynisme leur situation.... Alors voici ce qui se passe : l'état mental de l'inculpé paraît troublé. Le juge d'instruction est perplexe ; il voit un individu essentiellement dangereux, mais il est surpris par des phénomènes qui le déroutent. Un médecin expert est commis... Suivant les doctrines qui dominent un peu ses idées, il sera plus ou moins porté vers telle solution, mais il sera plutôt disposé, dans le doute, à voir un malade et il dirigera cet individu sur un asile d'aliénés.... Un autre médecin légiste l'enverra peut-

____

(1) *Revue pénitentiaire*, 1897, p. 1005 et suiv.

être devant la Cour d'assises. Qu'arrive-t-il alors ?
Il est impossible que cet expert, dans son rapport. ne fasse pas ressortir les défectuosités d'organisation de cet individu. Elles sont nombreuses et
graves. Alors le jury se dit : « L'homme dont on
vient nous parler dans des termes semblables est
à peu près un dément ; peut-on vraiment le condamner ? » S'il consent à le condamner, la peine est
considérablement atténuée. Illogisme profond ! Cet
instinctif est un homme dangereux, qu'il eût fallu
séparer très longtemps du milieu social et à qui on
accorde d'y rentrer à bref délai, puisqu'on écourte sa
peine, en raison précisément de ses défectuosités
morales... Je suis persuadé que la création d'*asiles de
sûreté* aurait pour effet, d'abord, de préserver la sécurité des personnes. ensuite. de donner à nos asiles de
traitement, où sont enfermés des malades intéressants
qu'on surveille paternellement et qu'on arrive assez
souvent à guérir, la physionomie d'hôpitaux ordinaires,
et de réaliser ainsi pour ces malheureux un rappro-
chement avec la vie de famille. La préservation sociale et
l'humanité y trouveraient donc chacune leur compte. »

III. — Quant à l'objection portant sur les mauvais
résultats obtenus par l'application du système des
asiles spéciaux, répondons :

a). — En Angleterre, en 1863, époque à laquelle
écrivait M. le D' Falret, il n'existait que l'asile-annexe

de Bethleem et le quartier annexé à l'établissement privé de Fisherton House ; l'asile central de Broadmoor n'était pas construit. Mais, depuis 1866, époque de la création de cet asile modèle, la situation s'est améliorée, dans des conditions exceptionnelles, chez les voisins d'Outre-Manche, de sorte que, à ce point de vue, l'objection n'est pas fondée.

b). — Quant aux griefs qui ont été émis contre le quartier de Bicêtre, qu'on appelle la Sûreté, ils ne sont malheureusement que trop fondés encore à l'heure actuelle. Voici, en effet, comment s'exprimait M. le Dr Motet à la séance de la Société Générale des Prisons du 19 mai 1897 : « ..... à Paris, nous avons un lieu qu'on appelle la Sûreté, qui est installé à Bicêtre, qui n'est pas du tout un lieu de sûreté, dans lequel pénètrent beaucoup de personnes qui ne devraient pas y mettre les pieds, qui reçoivent les réclamations des aliénés, et qui, n'étant pas aptes à connaître ces malades dissimulés, pervers, créent au médecin et au directeur les difficultés les plus grandes et finissent même par obtenir, — parce qu'on se lasse d'avoir à répondre à des accusations qui, quoique mensongères, ne sont pas moins pénibles, — la sortie de certains aliénés. Si j'en parle, c'est que, précisément en ce moment, nous avons encore à examiner un individu qui a failli tuer un médecin à Bicêtre. Ce médecin, au moment où il a mis cet individu en liberté, a dit qu'il n'avait rien perdu de ses tendances persécutrices et qu'il avait la crainte que, remis en liberté. il ne se livrât à de nouveaux excès et ne redevint dangereux. Eh bien ! il y a eu là une intervention que je qualifie de déplorable. » L'éminent aliéniste demande, en outre, à ce que l'asile de sûreté soit administré par l'État, car alors l'individu serait soumis à l'inspection de MM. les Inspecteurs généraux et à un ensemble de mesures administratives sévères qui garantiraient largement les conditions de sa liberté.

IV. — Enfin, au point de vue budgétaire, l'internement des aliénés criminels dans un asile spécial, — et non dans un asile-prison, ou dans un asile départemental —, est de beaucoup préférable : d'abord parce que, en admettant le second système, souvent les maires ne feront pas interner les aliénés pour ne pas grever le budget des communes. Voici, à ce propos, une anecdote édifiante racontée par M. le Dr Colin : « ..... J'étais chargé par la Cour de Rouen, dit l'éminent aliéniste, d'examiner l'état mental de deux enfants condamnés en police correctionnelle à être enfermés dans une colonie pénitentiaire à la suite d'outrages à la pudeur. Dans la petite commune où je me transportai, je me trouvai en présence de deux malheureux idiots, pouvant à peine parler. et porteurs de tous les signes désirables de dégénérescence. Le maire de l'endroit assistait à l'expertise et me demanda ce que je comptais faire.

Nous fûmes d'avis, l'un et l'autre, qu'il y avait lieu de les interner tous deux dans un asile. Alors partit ce cri du cœur : « Mais. me dit le maire, cela va coûter bien cher à la commune ! » Quelques mois après, me trouvant avec le sous-préfet, nous vînmes à causer de l'affaire. J'appris que mes deux malades, acquittés devant la Cour, continuaient à vivre comme par le passé, mon certificat n'étant plus valable au bout de 15 jours et le maire s'étant bien gardé de faire enfermer ses deux administrés. Il préférait la colonie pénitentiaire qui ne lui coûtait rien. »

Mais il y a encore une autre raison, toujours d'ordre pécuniaire, qui ne permet pas à ce que les aliénés criminels soient internés dans des quartiers spéciaux annexés aux asiles départementaux ou aux établissements pénitentiaires. Laissons encore la parole à M. le D\u207f Colin : « J'estime. dit-il, que les quartiers spéciaux créés dans chaque asile public d'aliénés (la Seine exceptée bien entendu), contiendraient environ une dizaine de malades. Sur ce nombre se trouveraient forcément des non-valeurs (déments, gâteux, etc.). Il resterait donc un nombre infime d'individus, et il serait impossible, — la loi interdisant de les mélanger aux autres malades, — de les faire travailler. Voilà donc des individus qui — au contraire des aliénés ordinaires, travaillant et contribuant ainsi pour une part, si minime qu'elle soit, aux frais de leur entretien — coûteraient à l'Etat, sans rien lui apporter (1). » Nous croyons, avec l'éminent aliéniste. qu'il y aurait là une inégalité flagrante qu'on pourrait faire disparaître en réunissant un grand nombre de malades.

§ 3. — De la sortie des asiles spéciaux.

D'après la législation actuelle. les médecins, directeurs des asiles, doivent faire connaître, tous les mois, à l'autorité administrative les changements survenus dans l'état mental de chaque malade, et lorsqu'ils pensent que l'un d'eux est arrivé à la guérison, le préfet est obligé de statuer sans délai. Telles sont les seules dispositions de la loi de 1838, relatives à l'élargissement des aliénés criminels. C'est assez dire que le droit de faire cesser l'internement appartient. en définitive, aux médecins des dépôts.

La loi de 1838 a bien encore, à la vérité, organisé des services d'inspection dans les asiles ; mais il est impossible de considérer cette mesure comme une garantie sérieuse contre les séquestrations ou les mises en liberté arbitraires ; car, les seuls fonctionnaires qui fassent des visites régulières sont les procureurs de la République et quelques présidents des tribunaux civils. Or. ces visites sont à peu près inutiles. Comment se rendre compte, en effet, de l'état

(1) *Revue pénit.*, p. 1270.

mental d'un individu que l'on observe pendant quelques minutes ? Un détenu paraît-il raisonnable ? le médecin qui veut le retenir n'a qu'à alléguer un intervalle lucide. Insiste-t-on ? il a forcément le dernier mot, en se retranchant derrière la folie dissimulée ou la monomanie raisonnante. C'est donc, en définitive, le médecin de l'asile qui détermine seul aujourd'hui la durée de la détention.

Cette manière de procéder est très mauvaise, et l'expérience qui en a été faite depuis 1838 l'a condamnée absolument. En effet, si la médecine avait des principes inflexibles pour lui permettre de dire ce que c'est que la folie, où elle commence, où elle finit, la décision de l'homme de l'art devrait être souveraine, et nul autre ne pourrait lui être substituée. Mais malheureusement il n'en est pas ainsi.

L'aliéné n'est pas un malade ordinaire. Sa maladie ne réside pas dans des organes matériels, dont la médecine peut constater l'altération. Elle appartient à une fraction de notre être qui échappe aux investigations. Comment savoir, dès lors, si cette maladie, qui ne se manifeste par aucune lésion organique, est arrivée à son terme ? Et, d'abord, les aliénés guérissent-ils ? « Nous ne guérissons presque jamais ! » a dit M. le Dr Blanche (1). Et, depuis longtemps déjà, Esquirol avait émis la même opinion : « Les monomaniaques

(1) Séance du 24 janvier 1872 de la *Société de législation comparée.*

homicides qui ont accompli leur tentative. dit-il, gué-
rissent rarement. Je n'en ai jamais vu aucun, ayant
consommé un homicide. qui ait recouvré la raison (1). »

Mais, en admettant même que l'incurabilité de l'a-
liéné ne soit jamais absolue, nous croyons que la guérison d'un aliéné criminel ne doit être considérée
comme complète que lorsqu'on peut raisonnablement
prévoir qu'il ne sera l'objet d'aucune rechute ulté-
rieure. Or, comment prédire scientifiquement ce qui
pourra se passer dans ce cerveau hier encore en feu,
et comment affirmer qu'il n'y reste pas une étincelle
qui s'allumera à la première occasion? Quel est le
médecin qui pourrait prendre la responsabilité d'at-
tester que la mise en liberté de ce détenu n'engen-
drera pas la fatalité criminelle? Ce sont des apprécia-
tions qui échappent à .toutes les prévisions scienti-
fiques. Ce n'est donc plus la mission d'un expert que
remplit le médecin, sous la législation actuelle, lorsqu'il se prononce sur la durée de la séquestration. Il
accomplit véritablement l'œuvre d'un juge, investi du
plus redoutable de tous les pouvoirs ; car il ne se
borne pas à apprécier, avec les principes de son art,
le fait matériel qu'il a sous les yeux ; il entre dans le
domaine des conjectures, et, n'ayant d'autre guide que
sa volonté souveraine, il statue à lui seul sur la liberté

(1) Esquirol, *Maladies mentales,* II, 106.

individuelle : ce n'est pas là évidemment le rôle d'un médecin.

Aussi qu'arrive-t-il dans la pratique ? Quelques jours après l'entrée du fou criminel ou dangereux dans l'établissement, le médecin est assailli de représentations de toutes sortes : de l'aliéné, qui se déclare naturellement sain d'esprit, et, en tous cas, guéri de son accès ; de la famille, qui n'est ici pour rien dans la séquestration, et qui réclame énergiquement de son chef ; de l'administration qui craint de prendre une trop lourde responsabilité et qui a à se préoccuper aussi du budget départemental dans la plupart des placements de cette nature à raison de l'indigence de ceux qui en font ordinairement l'objet.

En face de ces sollicitations, la conscience du médecin hésite, le malade est rendu à la liberté quelques jours après son entrée dans l'asile, et, quelques mois plus tard, nous le retrouvons dans la rue, prêt à commettre un nouveau crime. « Des individus sortent des asiles, y étant entrés comme absolument dangereux, disait l'éminent aliéniste, M. le Dr Motet (1), et il n'est pas rare que, 15 jours ou un mois après leur sortie, ils commettent de nouveaux méfaits, et des plus regrettables. J'ai signalé, dans le temps, un fait qu'on m'a un peu reproché, mais je ne m'en plains pas : c'est celui d'un individu qui, épileptique, avait

(1) Séance du 19 mai 1897 de la Société générale des prisons, (*Revue pénitentiaire*, p. 861).

été interné sept fois dans l'asile de Bicêtre. Il y revenait une huitième fois dans les conditions suivantes : après avoir fait des excès de boisson, il avait disparu, pendant 8 jours, et était revenu à son domicile encore très excité par l'alcool; la première chose qu'il fit fut de prendre son enfant par la jambe et de faire des moulinets avec lui. Sa femme appela au secours. Deux gardiens de la paix montèrent; l'individu se jeta sur l'un des sergents de ville, le désarma et lui transperça la cuisse avec son sabre-baïonnette. Il n'en fut pas moins arrêté et conduit à Bicêtre. J'avais été chargé par le Juge d'instruction d'aller l'examiner et de constater les conditions dans lesquelles il était au moment de l'acte de violence. Je parlai au chef de service; je lui demandai son avis sur son malade; il me dit : « Je viens de signer sa sortie. — Vous ne savez donc pas pourquoi il est dans votre service? — Non, voilà sept ou huit fois qu'il y vient, il a été envoyé par la préfecture de police. Vous ne savez donc pas ce qu'il a fait?... » Alors je lui racontai l'affaire, et je lui dis : « Est-ce que cela se passe souvent chez vous ? — Très souvent, par cette bonne raison que le juge d'instruction renvoie l'individu à la préfecture de police avec une fiche mais que la fiche reste à la préfecture ; elle ne suit pas l'aliéné à l'asile, et si de l'asile Sainte-Anne l'individu est renvoyé à Bicêtre, il y est renvoyé avec un certificat du médecin de Sainte-Anne qui l'a vu, et personne au monde ne sait si c'est un aliéné dangereux. » C'est encore pis si de Bicêtre on évacue sur la province des aliénés qui encombrent les asiles de la Seine. Ils arrivent avec une note sur leur état civil, la date de placement et des détails sommaires sur leur état mental. Le chef de service de l'asile du département ne sait rien de plus sur le compte de l'individu. Supposez qu'il soit calme pendant quelque temps, on le mettra en liberté, et libre, il n'aura qu'un désir, celui de revenir à Paris ; il ne tardera pas à se livrer de nouveau à des actes compromettant la sécurité publique (1). »

Voilà quels sont les résultats pratiques de la loi de 1838. En face de ces résultats, j'étais bien autorisé à dire que les dispositions de cette loi qui confèrent à peu près exclusivement aux médecins des asiles le droit de statuer sur la mise en liberté ou sur le maintien dans l'établissement de tous les aliénés indistinctement, sont absolument défectueuses. Il importe donc de les modifier, au plus tôt, à un triple point de vue : dans l'intérêt de la société, qui se trouve exposée à chaque instant au retour d'événements dont la récidive est fatalement probable ; dans l'intérêt de l'aliéné, qui a besoin d'un traitement ef-

____

(1) Voir aussi les nombreux cas cités par le distingué médecin en chef de l'asile spécial et de la maison centrale de Gaillon, M. le Dr Henri Colin, dans la séance du 17 novembre 1897 de la Société générale des prisons, (*Revue pénitentiaire.*, p. 1268 et 1269).

ficace, et qu'il faut abriter contre ses propres écarts ; enfin, dans l'intérêt des médecins eux-mêmes qui doivent avoir, sans doute, voix consultative comme experts, pour éclaircir la décision, mais qui ne doivent pas être des juges, et qui sont les premiers, d'ailleurs, à demander qu'on les débarrasse de la lourde responsabilité qui pèse aujourd'hui sur eux.

Mais qui donc alors prononcera sur la durée de la détention ?

La Société générale des prisons a proposé, tout en maintenant le droit du préfet et du médecin de l'asile, de faire intervenir le ministère public et de lui permettre de s'opposer aux sorties qu'il jugerait prématurées. Dans le projet de loi qu'elle a adopté le 12 avril 1881, elle a formulé ainsi sa proposition : « La sortie de l'aliéné ne pourra avoir lieu que sur l'avis conforme du procureur de la République du lieu de la séquestration et après expertise (1). » — Cette proposition ne me paraît pas acceptable à cause du conflit qui peut se produire entre l'autorité judiciaire et l'autorité administrative. Et ce conflit est si inévitable que la Société des prisons a prévu elle-même le cas où il viendrait à éclater. Alors, pour en conjurer les effets, elle s'est arrêtée à l'idée que le désaccord *entraînerait la séquestration*, et elle a exprimé ce vœu d'une façon très précise en disant

(1) *Bulletin* de la Société générale des prisons, avril 1881, p. 359.

que la mise en liberté ne pourrait avoir lieu, dans cette circonstance, que *sur l'avis conforme du procureur de la République*. Il me semble, dès lors, que l'intervention de l'autorité administrative n'a plus de raison d'être ; qu'elle est un rouage absolument inutile et qui ne peut faire naître que des complications fâcheuses. En outre, ce projet de loi, plaçant le préfet entre le médecin de l'asile, lui affirmant la guérison, et le ministère public qui a le droit de refuser la sortie, lui donne un rôle effacé et dépendant qui ne peut évidemment lui convenir.

Devant le *Congrès international de médecine mentale*, tenu à Paris en 1878, on a proposé de faire résoudre la question de l'élargissement des aliénés criminels par une commission, dans laquelle trois éléments seraient représentés : la science d'abord, dans la personne du médecin au service duquel appartient l'interné ; l'administration ensuite, dans la personne du préfet ou de son délégué ; enfin, l'autorité judiciaire, dans la personne du procureur général du ressort ou de son représentant. Est-ce là une bonne solution ? Je ne le crois pas. Car d'abord, je ne puis approuver le choix du médecin de l'asile au service duquel appartient le prétendu aliéné, pour faire partie de la commission dont parle le projet. Si quelqu'un, en effet, doit être exclu de cette commission, *comme juge*, c'est précisément ce médecin. Et qui se trouve à côté de lui ? Le préfet ou son délégué ; le procureur général ou son représentant ? Le projet du Congrès International se borne donc à adjoindre au médecin et au préfet le délégué du parquet. Mais lui permet-il de se créer une conviction personnelle à l'aide de faits, de documents mis à sa disposition ? Nullement. Il n'est donc pas mieux renseigné que le préfet, et, comme lui, en définitive, il est obligé de s'en remettre absolument à l'avis du médecin de l'asile, qui seul connaît le malade, qui l'a traité, qui l'a examiné chaque jour et auquel aucune objection ne peut être faite, soit lorsqu'il affirme la guérison, soit lorsqu'il soutient que l'aliéné est encore sous l'empire de ses conceptions délirantes. C'est donc le retour pur et simple à l'état de choses actuel.

Pour moi, je crois que l'autorité judiciaire seule doit être chargée de déterminer la durée de la séquestration des aliénés dangereux ou criminels. La loi de 1838 (article 29) a reconnu, en principe, le droit de l'autorité judiciaire de statuer sur cette question, puisqu'elle permet à toute personne retenue dans un établissement d'aliénés, de se pourvoir devant les Tribunaux pour obtenir, s'il y a lieu, la sortie immédiate, et qu'elle donne la même faculté à ses parents ou à ses amis. Seulement, elle a commis la faute de ne faire des tribunaux, dans cette circonstance, qu'une sorte de juridiction d'appel, qui n'est saisie que lorsque le médecin de l'asile et le préfet refusent d'accueillir les demandes de sortie qui leur sont adressées, tandis que l'autorité judiciaire doit être seule chargée comme juridiction ordinaire de prononcer sur toutes les demandes de sortie des aliénés criminels.

Ce point admis, quel est le juge qui devrait statuer? La juridiction que désigne la loi de 1838 et l'article 39 du projet de loi voté par le Sénat, la Chambre du Conseil du lieu où est situé l'asile, me paraît offrir toutes les garanties possibles. En effet, c'est une juridiction déjà éprouvée et investie des attributions, dont il s'agît d'assurer l'exercice. En outre, devant la Chambre du Conseil, l'aliéné comparaît en personne ; il peut se faire assister d'un avocat, il peut avoir recours à un médecin choisi par lui, et l'opposer à l'expert commis par le Tribunal. Enfin, les juges ont en mains toutes les pièces de l'information criminelle, et ils peuvent faire procéder, en outre, à une enquête dans l'asile même, afin de savoir comment l'aliéné s'y est comporté depuis sa séquestration. Ils statuent donc ainsi en parfaite connaissance de cause. Voilà pourquoi je pense que nulle autre juridiction ne pourrait être plus judicieusement choisie (1).

Mais comment sera-t-elle saisie? L'article 29 de la loi de 1838 répond à la question, en permettant à l'intéressé, au Ministère Public, à tout parent, allié, ami, en un mot à tout le monde, de s'adresser à

(1) *Sic*, Dayras : *Les aliénés* : Réforme à introduire dans la loi du 30 juin 1838, Paris, 1883, p. 311 et 312 ; Guibaud, *Op. cit.*, p. 121.

la Chambre du Conseil pour demander la mise en liberté.

Une fois saisie, la Chambre du Conseil pourra se décider en toute liberté : accueillir ou rejeter la demande, ou bien encore n'accorder qu'une sortie conditionnelle. La sortie accordée sera toujours révocable ; si elle n'est que conditionnelle, la Chambre du Conseil prescrira certaines mesures de surveillance qu'elle déterminera suivant les circonstances de chaque cas particulier. Ce système de libération conditionnelle, proposé par l'article 39 du projet de loi voté par le Sénat, est pratiqué à l'asile de Broadmoor, et il y donne, paraît-il, d'excellents résultats. L'individu, suffisamment observé pendant quelques années et qui semble guéri, peut être confié aux parents qui s'engagent à le surveiller ; mais l'État conserve sur lui un droit et un contrôle effectif, le soumet à des visites fréquentes, et, en cas d'infraction, soit de la part du malade, soit de la part de ses tuteurs, peut le reprendre et le faire conduire à Broadmoor. C'est là, il me semble, une méthode facile à appliquer et offrant toutes garanties.

Si le Tribunal refuse d'accorder la sortie, il pourra, en même temps, déclarer qu'il ne procédera à un nouvel examen qu'à l'expiration d'un sursis, qui, cependant, ne devra se prolonger au delà d'une année. Cette mesure n'a rien d'excessif, car il y a des médecins aliénistes qui voudraient que la séquestration fût, en principe, perpétuelle. « Toutes les fois qu'il s'agit d'un crime, a écrit **M**. Legrand du Saulle, on devrait, à défaut d'une mesure meilleure, faire intervenir un arrêt qui prononçât, presque à tout jamais, la séquestration très prolongée de l'aliéné dans un établissement spécial…. Je ne me dissimule pas tout ce qu'a de dur un parti comme celui-là, et je sens même qu'il équivaut, sous quelques rapports, à une flétrissure judiciaire. Mais est-il rationnel, est-il moral de se laisser seulement émouvoir par le sentiment de la pitié, quand les intérêts de la Société sont en présence et que, par une imprévoyance qui va jusqu'à la témérité, on compromet la sécurité publique ? (1). » Et **M**. le Dr Blanche a émis la même opinion : « Le défaut de culpabilité, a dit le savant aliéniste, n'empêche pas que la Société n'ait *le droit et le devoir* de prolonger *indéfiniment* la séquestration du fou qui a commis un crime Quel médecin peut prendre la responsabilité d'affirmer la guérison (2) ? » Sans aller aussi loin que **M**. Blanche et **M**. Legrand du Saulle, sans assigner, en principe, à l'internement une durée perpétuelle, nous croyons qu'il serait bien qu'il en soit ainsi, quand il s'agira de pyromanes ou d'individus atteints de la manie homicide, car ils sont presque tous incurables et ils portent d'habitude avec eux leurs obsessions étranges, ou leurs impulsions invincibles jusqu'au dernier jour de leur existence matérielle.

(1) Legrand du Saulle, *La Folie devant les Tribunaux*, p. 438.
(2) *Société de législation comparée*, séance du 26 décembre 1871.

CHAPITRE V

LÉGISLATIONS ÉTRANGÈRES

Il nous reste à jeter un rapide coup d'œil sur les principales législations étrangères. Nous constaterons ainsi que la question des aliénés criminels a été l'objet de sérieuses préoccupations dans beaucoup de pays, et que la France s'est laissée devancer, sur bien des points, en cette matière.

1. — *Allemagne.*

L'aliéné criminel, qui n'est pas condamné, est traité comme tous les aliénés, malgré les vœux formulés par la Société médico-psychologique de Berlin qui réclamait, en 1878, une modification à l'article 51 du Code Pénal, et indiquait qu'il serait désirable que le juge pût envoyer directement l'aliéné, reconnu irresponsable, dans un asile « pour un séjour fixé ou à la discrétion des médecins. »

Il n'y a pas de question spéciale posée au jury ; on

estime que la question : « L'accusé est-il coupable ? » comprend la santé mentale.

Le Code de procédure allemand, promulgué le 1er février 1877 et mis en vigueur le 1er octobre 1879, contient un article 81 qui autorise les Tribunaux à ordonner l'internement, dans un asile, de l'individu accusé de crime ou délit, dont l'état mental paraît devoir être examiné. La détention dure six semaines au maximum, et l'individu interné peut se pourvoir contre la décision du Tribunal.

L'organisation allemande est remarquable en ce qui concerne les *expertises médicales*. Il existe, en effet, une hiérarchie de médecins experts : 1° *médecins physiciens* près de chaque Tribunal ; 2° *collège médical* dans chaque province ; 3° *scientifique députation* dans la capitale de l'Empire. Cette organisation me semble offrir de sérieuses garanties.

En Prusse, si l'aliéné est dangereux on le place dans un asile (décret du 3 novembre 1872). Dans le reste de l'Allemagne, pas de loi spéciale. Voici comment on procède : si un prisonnier devient aliéné, il est traité comme les malades ordinaires et transféré dans un hôpital. Le temps de la maladie est compris dans le temps de la peine. (Code d'Instruction criminelle, § 493) ; mais si les médecins déclarent la maladie incurable, les condamnés sont renvoyés de la peine.

On a institué à Bade, en 1864, auprès de la prison de Bruchsal, un asile spécial où ils sont détenus pendant le temps de leur peine. En Saxe, on a créé, en 1867, une station d'aliénés, à Waldheim, où sont réunis les détenus aliénés et autres aliénés dangereux. En Prusse, beaucoup d'aliénés criminels sont détenus dans la maison de correction de Fabiau. Dans la Prusse de l'Est, à la prison de Moabit, à Berlin, on a créé, en 1888, une annexe pour les prisonniers aliénés des maisons soumises à la direction du Ministre de l'Intérieur. Dans cette maison, les aliénés sont observés et traités. Guéris, ils sont renvoyés à la maison de détention ; reconnus incurables, ils sont transférés dans les maisons d'aliénés. Le médecin en chef de Moabit estime à 15 °/₀ le nombre des malades guéris (1).

Les aliénistes et hommes de loi désirent vivement un changement, nous dit M. le professeur Mitermaïer. La situation à Bruchsal, à Waldheim ou à Moabit est satisfaisante, mais, ajoute-t-il, les aliénés chroniques et incurables ne devraient pas être retenus en prison, il faudrait les transférer dans les maisons d'aliénés où l'on peut établir des départements spéciaux.

La question des aliénés criminels a été étudiée en Allemagne dans la réunion de l'*Association des fonctionnaires des prisons allemandes* à Stuttgart, en 1877, à Bremen, en 1880, à Vienne, en 1883, mais elle ne pa-

---

(1) *Revue* 1893, p. 1092 et 1095, et *Blätter für gefoengniskunde*, vol. XXXIX, 1895, p. 65.

raît pas encore « suffisamment éclaircie » si l'on s'en rapporte à la constatation faite en 1885 par la *Société des prisons de l'Allemagne du Nord-Ouest*. réunie en séance à Hildesheim. Beaucoup d'aliénistes déclarent que l'état actuel ne peut pas subsister plus longtemps. mais beaucoup d'hommes compétents admettent qu'il faut faire une distinction entre les aliénés condamnés et ceux qui ne le sont pas, car les premiers ont une tâche qui les rend désagréables aux autres ; mais malgré cela, ceux-là seuls devraient être détenus dans les asiles spéciaux, qui exigent un traitement beaucoup plus sévère que les autres aliénés.

Dans la quarantième séance de la Société de psychiâtrie de Berlin, en 1881, M. R. Schroeter demande des asiles spéciaux. De même, dans la réunion annuelle de la Société des aliénistes allemands à Eisenach, en 1882, le Dr Zonn demande des asiles spéciaux pour les aliénés criminels reconnus. et déclare que les maladies passagères peuvent être traitées dans les hôpitaux des prisons. Le Dr Moeli, de Dalldorf, a publié, en 1868, un livre dans lequel il souhaite que les médecins des prisons soient des aliénistes, que les hôpitaux des prisons soient aménagés pour le traitement passager des aliénés. Pour les aliénés criminels d'habitude. qui sont désagréables aux autres détenus. il suffit, comme à Dalldorf, d'un pavillon séparé de travail et de bons gardiens spéciaux. Cette opinion paraît aujourd'hui dominante en Allemagne, sous cette restriction que les annexes des prisons n'ont peut-être pas les qualités requises pour le traitement des maladies de longue durée (1).

II. — *Angleterre.*

Le principe de l'article 64 du Code Pénal français est admis par l'Angleterre. A la demande du défenseur, le Président doit poser une question spéciale relative à la démence ; le jury fait ainsi savoir si c'est pour cause de folie qu'il rend un verdict d'acquittement. La conséquence est de faire enfermer l'accusé dans un des asiles d'aliénés spécialement organisés pour recevoir des criminels en état de démence, et ce pour un temps indéterminé : « *during Her Majesty's pleasure* », conformément à l'*acte royal* du 28 juillet 1800, qui est ainsi conçu : « Lorsqu'une personne accusée de meurtre ou de tout autre crime est acquittée pour cause de folie, la Cour, devant laquelle le verdict est rendu, doit ordonner que cette personne soit tenue en stricte garde, jusqu'à ce que le bon plaisir de Sa Majesté soit connu. Il est par conséquent du droit de Sa Majesté de donner des ordres pour la garde de cette personne, tant que dure son bon plaisir, en tel lieu et de telle manière qu'il lui paraîtra convenable. »

(1) *Rev. pénit.*, n° 5, mai 1897, p. 795-797.

Le Secrétaire d'Etat a le pouvoir d'ordonner l'élargissement (sous ou sans condition), ou le transfert dans un asile ordinaire d'aliénés (*Trial of lunatics Act,* 1883 § 2 ; *Criminal lunatics Act,* 1884 § 5).

Les condamnés qui deviennent aliénés ne sont traités à l'infirmerie de la prison que temporairement. Dès que la maladie mentale est nettement déclarée et reconnue comme telle par deux médecins et deux magistrats, ils sont transférés dans un des asiles spéciaux. Le temps qu'ils y passent est déduit de la durée de leur peine, sur l'avis conforme des hauts fonctionnaires de la prison. Si, à l'expiration de sa condamnation, le détenu n'est pas guéri, il quitte l'asile spécial d'aliénés criminels et est transféré dans un asile ordinaire.

L'Angleterre, qui a devancé la législation Française sur tout ce qui touche à la question des aliénés criminels, n'a cessé, depuis le commencement de ce siècle, de créer de nouveaux asiles spéciaux et d'agrandir les anciens. Ainsi, en 1816, on annexa à l'hôpital royal de *Béthleem* un asile pour 60 aliénés criminels. En 1849, on affecta, dans l'établissement privé de *Fisherton House,* un quartier, spécial aux aliénés criminels. Enfin, en 1866, un asile central fut construit à Broadmoor pour 563 pensionnaires. Au 1er janvier 1896, d'après la statistique officielle communiquée à la *Société générale des prisons,* par l'éminent directeur général, M. Ruggles Brise, la population était, pour l'Angleterre et le pays de Galles, de 640 (dont 166 femmes) à l'asile de Broadmoor ; 2, à l'asile privé de Fisherton House (Salisbury) ; 115 dans les asiles de comtés ou de bourgs (*County or provincial*).

L'asile de Broadmoor ne reçoit que les individus les plus dangereux : 53 °/₀ environ ont commis un assassinat ou un meurtre. La durée de l'internement est, en moyenne, de 7 ans ; mais certains des malades, quand leur internement a duré longtemps et que cette mesure gracieuse semble justifiée, sont confiés à un de leurs proches ou à quelque autre personne recommandable. La mortalité, à Broadmoor, est d'environ 3 °/₀, et l'entretien par année s'élève à 45 ou 50 livres par malade. L'asile de Broadmoor semble constituer de nos jours l'asile moderne, et remplir toutes les conditions désirables.

L'*Irlande* a son asile spécial à Dendrum, près de Dublin. Au 1ᵉʳ janvier 1896, il contenait 163 malades, dont 23 femmes.

En *Écosse*, le criminel aliéné est soumis à un régime spécial. Si le délit commis est sans gravité, il peut être enfermé comme fou dangereux dans un asile local. Si le fait est grave, il est envoyé au quartier des aliénés de la prison générale de Perth.

L'irresponsabilité est déclarée par le juge (*le shériff*) ou bien par la haute Cour de justice, suivant la gravité des faits. La question est tranchée par le jury.

C'est le juge qui ordonne l'internement. Les médecins des prisons ou de la police sont appelés à donner leurs avis au moment de l'interrogatoire (1).

III. — *Autriche.*

Lorsqu'un prévenu est considéré comme irresponsable, vu son état mental, les poursuites sont suspendues, et le malade est aussitôt transféré dans un établissement d'aliénés. La déclaration d'irresponsabilité est prononcée par la Chambre du Conseil (Rathskammer), après que l'état mental a été constaté par des médecins experts, à la demande du ministère public. La défense peut aussi, dans certains cas, proposer que le Tribunal ou le Jury statue sur une question spéciale formulée ainsi : « L'accusé était-il au temps de l'action en état d'aliénation mentale ? » Mais cette question ne peut être posée qu'avec l'assentiment des juges.

Les poursuites étant suspendues, l'autorité judiciaire cesse d'être compétente pour décider du sort de l'aliéné ; c'est l'autorité administrative qui est chargée de le faire transférer dans un établissement spécial, si son état a été reconnu dangereux. Les médecins experts sont consultés, pour peu que les antécédents ou la conduite du prévenu fassent soupçonner chez lui un trouble mental.

(1) Voir *Revue pénitentiaire*, 1897, p. 814-816.

La question de la détention des délinquants aliénés a été tout particulièrement discutée. L'opinion unanime préconisait l'internement dans un asile spécial pour l'aliéné criminel, et la séquestration des délinquants aliénés dans une annexe de la prison. Mais il n'existe pas, en Autriche, de statistique des aliénés criminels, ni aucun asile spécial pour cette catégorie de détenus. Pour le moment, les condamnés aliénés, et quelquefois aussi les épileptiques, sont confiés, quand il en est besoin, à des asiles ordinaires.

IV. — *Belgique.*

Aux termes de la loi du 18 juin 1850 et de la circulaire qui y fait suite, lorsqu'un condamné ou prévenu est atteint d'aliénation mentale, constatée par les médecins, avis en est donné au ministère public, qui doit requérir la translation dans l'asile fixé par l'Administration. Avant 1859, il n'existait pas de législation spéciale pour les aliénés criminels, mais il y a, en ce moment, un projet de loi, qui n'est pas encore voté, mais dont on a déposé un exposé des motifs et le texte, soumis à la Chambre des Représentants. Le gouvernement belge, avant de déposer ce projet de loi, a consulté l'Académie royale de médecine, qui, dans un rapport publié en tête du projet de loi, admet que le régime de l'asile spécial s'applique, nécessairement, en dehors de la catégorie des aliénés cri-

minels, aux aliénés dangereux. L'Académie range dans
la catégorie des aliénés dits criminels, ceux qui ont à
purger une condamnation pour crime, et ceux qui,
ayant commis, en état de démence, un acte présentant
les caractères matériels d'un crime, ont été renvoyés
des poursuites ou acquittés comme irresponsables.
D'après le projet de loi, les mœurs dépravées ou les
habitudes perverses ne peuvent, s'il n'y a pas d'instincts homicides, de penchant au viol ou à l'incendie,
motiver l'internement dans un asile spécial.

Le renvoi des poursuites, en matière criminelle ou
correctionnelle, et l'acquittement en matière correctionnelle faisant l'objet de décisions motivées, rien ne
s'oppose lorsqu'il s'agit d'un aliéné reconnu irresponsable, à ce que la juridiction qui a motivé sa décision statue sur l'internement sans désemparer. Mais
lorsque l'acquittement a lieu en Cour d'assises, le
projet de loi renvoie à la Chambre du Conseil du Tribunal de première instance la décision relative à l'internement, ne laissant à la Cour d'assises que le soin
de régler, en Chambre du Conseil, les préliminaires
de cette décision (article 3). En cas de non-lieu, la
Chambre des mises en accusation peut également ordonner l'internement dans un asile spécial (article 4).
La mise en liberté est de même ordonnée par le Tribunal Civil en Chambre du Conseil (article 10). Quant
aux individus, dont l'internement dans un asile spécial de l'Etat a été ordonné pour cause d'instincts

homicides ou de penchant au viol ou à l'incendie, ils ne sont mis en liberté « qu'en vertu d'une décision rendue sur le Comité d'inspection et de surveillance » (article 7).

Ajoutons que l'asile spécial reçoit également les condamnés aux travaux forcés, à la réclusion ou à l'emprisonnement correctionnel (article 2. § 1) et que l'internement est toujours imputé sur la durée de la peine (article 2. § 3).

L'éminent ministre d'Etat, M. Le Jeune, a présenté, dans la séance du Sénat du 29 janvier 1897, un nouveau projet portant également création d'un asile spécial pour les aliénés, les alcoolisés et certains malades. M. Le Jeune entoure l'internement de toutes les précautions possibles pour empêcher les abus ; quant à la sortie de l'asile, il exige « constatation de la guérison définitive ». Il prévoit également le cas de rechute : « La science médicale, dit-il, n'est pas infaillible et ne peut répondre de l'avenir (1). »

V. — *Danemark.*

L'aliéné qui commet une infraction est remis en liberté. Il n'en est ainsi cependant qu'à la condition qu'il ne puisse être considéré comme dangereux pour la sécurité publique, et que les mesures de précaution

(1) Voir *Revue pénitentiaire*, 1897, p. 718-724 ; 803.

puissent être prises par voie privée. Dans le cas contraire, son internement est ordonné dans un asile ordinaire d'aliénés, aucun asile spécial n'existant en Danemark pour les aliénés criminels.

Une déclaration d'un médecin spécialiste peut être exigée par le juge d'instruction, par le tribunal ou par le défenseur devant les différentes juridictions. C'est également sur l'avis du médecin que l'autorité administrative ordonne la mise en liberté. Il n'existe en Danemark aucune statistique concernant les cas d'aliénation mentale dans les prisons (1).

VI. — *Espagne.*

Lorsque l'inculpé est déclaré irresponsable pour avoir agi dans un moment de folie, sans pourtant être en état d'aliénation mentale permanente, le juge le met en liberté, et c'est à l'autorité administrative qu'incombe le soin d'exiger qu'il soit gardé par sa famille avec les précautions nécessaires. S'il a été reconnu en état permanent d'aliénation mentale, l'autorité judiciaire ordonne son internement dans un asile d'aliénés ou dans une prison. La décision relative à l'état mental de l'accusé n'est prise que sur l'avis de médecins spéciaux, avis qui ne lie pas l'autorité judiciaire (article 381, loi de 1882).

(1) *Revue*, 1897, p. 807-808.

C'est au Tribunal ou Chambre criminelle, composé de trois magistrats (*audiencia de la Criminal*) qu'il appartient de statuer sur l'irresponsabilité de l'accusé dans les affaires de sa compétence. Pour celles qui sont soumises au jury, c'est lui qui décide en répondant à la question spéciale qui lui est posée relativement à l'état mental de l'accusé.

Ce qui vient d'être dit s'applique également quand la démence survient depuis la perpétration du délit. Dans ce cas, l'instruction terminée, l'affaire est conservée pour le Tribunal compétent aussitôt que l'inculpé recouvre la santé (article 383, Pr. Pén.), et, à quelque époque que le délinquant recouvre la raison, il subira la condamnation, à moins que la peine ne soit prescrite.

Un décret royal du 13 décembre 1886 ordonne la construction d'un asile pénal (*Manicomio penal*) pour l'incarcération des délinquants atteints d'aliénation mentale et pour l'observation des prévenus soupçonnés de folie. En 1896 a été inauguré le pénitencier-hôpital de Puerto de Santa-Maria à trois lieues de Cadix, dans lequel ont été transférés tous les condamnés malades et incurables, les vieillards et les aliénés (1).

Un autre décret du 1ᵉʳ septembre 1897 ordonne : 1° l'internement, dans un manicomio (asile d'aliénés), ou la remise à sa famille, de l'aliéné qui a commis

(1) *Revue pénitentiaire*, 1897, p. 811-813.

un délit ; 2° l'internement, dans un pénitencier-hôpital, des condamnés dont l'aliénation mentale, survenue postérieurement à la condamnation, a suspendu l'exécution de la peine (article 2). C'est l'article 3 qui prescrit l'internement : 1° des hommes ou femmes irresponsables pour cause d'aliénation mentale qui ont perpétré un acte qualifié *délit grave* (c'est-à-dire un crime) et même, si les juges le décident, un *délit moins grave* (délit correctionnel) ; 2° des condamnés atteints de folie au cours de leur peine, dans les prisons d'*audiencia* ou dans le pénitencier (spécial aux femmes) d'Alcala de Henares (1).

VII. — *Grèce.*

D'après le Code Pénal hellénique, le prévenu est complètement irresponsable si, au moment de l'infraction, il était atteint de folie ou de monomanie. Le juge d'instruction, d'accord avec le procureur du Roi, peut, après avoir constaté cet état par les témoignages et l'expertise, relaxer l'accusé, ou, s'ils désirent couvrir leur responsabilité, s'adresser au Conseil de la Chambre des mises en accusation, composé du président et de 2 juges. Au cas où la Chambre hésite aussi, c'est devant la Cour d'assises que se déroule toute la procédure concernant la question de l'aliénation mentale qui est posée au jury.

(1) Voir *Revue*. n° 1, janvier 1898.

C'est à la police que le Procureur s'adresse, pour qu'elle prenne toutes les mesures nécessaires, si le libéré est considéré comme dangereux pour la sécurité publique. Ces mesures le plus souvent consistent en un internement dans un asile d'aliénés.

Le Code Pénal hellénique prévoit aussi le cas où le prévenu n'a qu'une responsabilité partielle : on n'applique alors que la moitié de la peine, et une question relative à l'existence de cette responsabilité partielle est posée au jury en même temps que la question principale de culpabilité (1).

VIII. — *Hongrie*.

En Hongrie, les accusés ou prévenus atteints d'aliénation mentale et reconnus irresponsables en vertu de l'article 76 du Code Pénal, sont mis en liberté sur-le-champ, et remis à la surveillance de leur famille, s'ils ne sont pas dangereux pour la Société, ou à la surveillance des magistrats. Dans le cas contraire, on les place dans un asile d'aliénés.

Le 4 décembre 1896, le roi a sanctionné la loi XXXIII contenant le Code de procédure pénale, dont l'article 246 statue comme suit :

« S'il y a des soupçons que le prévenu est atteint d'aliénation mentale excluant ou atténuant sa respon-

---

(1) *Revue pénitentiaire*, 1897. p. 1020.

sabilité, ou qu'il est en état d'inconscience, il sera observé et visité par deux médecins, qui doivent faire un rapport sur le point de savoir si le prévenu est en état de démence ou d'inconscience, s'il était dans cet état lors de la perpétration du crime ou du délit, et s'il n'avait pas alors son libre arbitre.

« Si les médecins observent, durant l'expertise, que le prévenu n'a **pas** son libre arbitre, ils doivent le constater et dire si le prévenu leur paraît dangereux pour la société.

« La Chambre des mises en accusation ou le Tribunal peut ordonner sur la réquisition des médecins ou des parties, après avoir pris l'avis du procureur royal et de l'avocat spécialement mandé, que le prévenu sera transféré dans un établissement d'Etat, spécial, pour y être observé au point de vue mental.

« Le délai de cette observation ne peut dépasser deux mois.

« L'autorisation pour la prolongation du séjour dans l'établissement est accordée par la Chambre des mises en accusation ou le tribunal. »

Si le prévenu est atteint d'aliénation mentale incurable, « la Chambre des mises en accusation refuse l'acte d'accusation et prononce la cessation de procédure. » (Article 264).

L'autorité administrative ordonne l'internement de l'aliéné criminel dans un asile, après avoir reçu l'information de l'autorité judiciaire.

Les médecins spéciaux sont seuls juges de l'opportunité de la libération. et ils sont toujours consultés avant l'internement.

Un quartier spécial pour le traitement des aliénés criminels est à Budapest. A sa tête se trouve le savant professeur-docteur Moravsik. Ce quartier, dont le titre officiel est « *Etablissement royal pour les criminels en observation et pour les condamnés atteints de maladie mentale* » est destiné : 1° à l'observation de l'état mental des prévenus et accusés : 2° à la guérison et au traitement des condamnés à des peines privatives de liberté. et des détenus des établissements correctionnels chez lesquels on observe des signes d'aliénation ou autres troubles (épilepsie. hystérie) exigeant un traitement spécial.

Le placement dans l'établissement, qui peut contenir 136 personnes (96 hommes et 40 femmes), n'a jamais lieu qu'avec l'autorisation préalable du Ministre de la Justice (1).

IX. — *Italie.*

En Italie. l'aliéné criminel déclaré irresponsable peut être envoyé dans un asile spécial (*manicomio criminale*) et être retenu tant que l'autorité compétente

____

(1) Voir *Revue pénitentiaire*, 1896, p. 318 et le plan annexé ; *Revue*, 1897, p. 800 et 801.

le juge nécessaire (art. 47. Code Pénal). Si, au contraire, la responsabilité est simplement atténuée, le juge diminue la peine et peut, en outre, ordonner l'internement du condamné dans une maison de garde (*casa di custodia*) (1).

L'expertise nécessaire pour apprécier l'état mental des accusés, et déterminer soit les précautions à prendre au nom de la Société, soit la durée de l'internement, est confiée à une Commission composée d'un médecin, d'une personne initiée aux études philosophiques, et d'un troisième expert, étranger aussi bien à la science médicale qu'à la science juridique, et désigné par l'autorité judiciaire comme doué d'un jugement droit et sain.

Des asiles spéciaux, pour les hommes seulement, existent à Aversa, à Montelupo (2) et à Reggio d'Émilie, dont le directeur est le célèbre professeur Tamburini. Ils peuvent recevoir respectivement 60, 300 et 200 malades.

Le temps passé dans ces asiles compte pour l'exécution de la peine.

(1) *Revue*, 1889, p. 151 ; 1892, pp. 476, 484, 1129 ; 1895, p. 1296 ; *Bull. de législ. comp.*, 1893, p. 149.

(2) Montelupo, près de Florence, est divisé en 4 sections : 1° épileptiques et tranquilles ; 2° semi-tranquilles ; 3° aliénés ; 4° agités. Deux médecins aliénistes sont attachés à l'établissement. — Pour la description complète de cet asile lire les Monographies publiées en 1895 à l'occasion du congrès international de Paris (*Revue*, 1892, p. 57 et 1129 note).

X. — *Pays-Bas.*

Le Code Pénal du 3 mars 1881 contient dans son article 37 les dispositions suivantes : « Quiconque commet un fait qui ne peut lui être imputé à cause du développement incomplet ou du trouble maladif de son intelligence n'est pas punissable.

« S'il est évident que le fait commis ne peut lui être imputé à cause du développement incomplet ou du trouble maladif de son intelligence. le juge peut ordonner qu'il soit placé dans un hospice d'aliénés pendant un temps d'épreuve ne dépassant pas la durée d'un an. »

La division tripartite en affaires de simple police. correctionnelles. criminelles, n'existe plus dans les Pays-Bas. *Le jury non plus n'existe pas.* et. en matière pénale, comme en matière civile. les décisions sont rendues par le Juge de paix. le Tribunal ou la Cour d'appel. Ce sont ces autorités judiciaires qui ordonnent l'internement. C'est au médecin. directeur de l'asile, à se prononcer sur la guérison. qui amène la libération.

En dehors du texte ci-dessus rapporté. la législation néerlandaise contient une loi du 27 avril 1884 relative au contrôle de l'Etat sur les aliénés. Les critiques que l'on peut élever contre cette législation.

d'après M. Simon van der Aa, directeur général des prisons, sont : 1° l'absence fréquente d'un examen mental de l'accusé ; 2° le manque de contrôle de la part de l'autorité judiciaire ou administrative sur la libération des accusés aliénés ; 3° l'absence d'une prison-asile, proprement dite, en même temps que l'insuffisance du service médical psychiatrique dans les prisons.

Un grand nombre d'aliénés criminels sont internés dans l'asile de Medemblik appartenant à l'Etat (1).

XI. — *Portugal.*

Le Portugal ne possède pas d'asile spécial pour les aliénés criminels : mais la loi du 4 juillet 1889 a autorisé la construction d'infirmeries pour les malades de cette catégorie. A l'heure actuelle, on envoie les aliénés criminels à l'asile de Ralhafolles ; dès que la grande infirmerie que l'on construit à Lisbonne sera achevée, on y internera les aliénés criminels dans un quartier qui y sera annexé pour eux.

L'internement n'a lieu que sur l'ordre de l'autorité judiciaire : la sortie nécessite l'intervention des médecins (2).

(1) *Bull. Soc. législ. comp.*, 1889, p. 319 ; *Revue pénitentiaire*, 1897, p. 802.

(2) *Revue*, 1897, p. 813.

XII. — *Roumanie.*

Le principe de l'article 64 du Code Pénal français est reproduit par l'article 57 du Code Pénal de Roumanie : l'acquittement est donc imposé par la démence, mais l'autorité judiciaire n'a aucun pouvoir d'internement.

La Roumanie ne possède pas de législation particulière pour les aliénés criminels, et, ce n'est qu'en 1898, qu'on a annexé au pénitentiaire de Vacaresti une section où sont enfermés non seulement les aliénés criminels mais encore les criminels aliénés, qui y sont transférés en vertu d'une décision de la Direction Générale des Prisons, après avis des médecins et du Directeur de la prison.

XIII. — *Russie.*

Le projet du Code Pénal russe, dont notre éminent maître, M. Garçon, a publié une remarquable analyse dans la *Revue Pénitentiaire de 1896* (p. 398 et 691), porte dans l'article 33 que « n'est pas imputable le fait commis par un individu qui, soit par l'insuffisance de ses facultés intellectuelles, soit par le dérangement maladif de l'activité de son âme, soit par suite de son état d'inconscience, ne pouvait, au temps de l'action, comprendre la nature et le sens de ce qu'il faisait, ni diriger ses actions. » Mais, si cet aliéné acquitté est dangereux, les juges pourront, soit le confier à la surveillance de sa famille ou à d'autres personnes qui consentiront à se charger de cette mission, soit le placer dans un asile.

La Russie ne possède pas d'asile spécial. Les détenus aliénés sont transférés dans un asile ordinaire. Une section spéciale pour ces malades existe, toutefois, à la Maison de santé municipale de Saint-Pétersbourg.

La sortie sera réglée, dit l'article 33, par une loi spéciale ; actuellement, elle dépend de l'autorité judiciaire (1).

XIV. — *Suède et Norvège.*

A. — Depuis 1888, *la Suède* ne possède plus de prison spéciale pour les détenus incurables ; elle n'a qu'un quartier spécial pour ces incurables, dans la prison centrale de Malmo.

Les condamnés aliénés, hommes ou femmes, sont transférés dans des asiles spéciaux. Le temps passé en dehors de l'établissement n'est pas compté pour l'exécution de la peine.

B. — D'après le *Code Pénal norvégien* (chap. VII, § 2), l'individu poursuivi pour une infraction quel-

(1) *Revue*, 1897, p. 808.

conque doit être acquitté. s'il est jugé avoir commis
l'acte étant en état de démence.

Depuis la loi du 1er juillet 1887 sur l'Instruction Criminelle (§ 285), le Ministère Public peut. dans toute
affaire de crime ou de délit faisant l'objet d'une poursuite publique. ordonner le non-lieu avant renvoi devant les juges compétents, s'il trouve qu'à raison de
son état mental l'inculpé doit être considéré comme
irresponsable.

En Norvège. il n'y a pas de chambre des mises en
accusation. C'est le Ministère Public qui en remplit les
fonctions. sauf dans le cas où l'aveu est complet de la
part de l'accusé : c'est alors le juge d'instruction ayant
connu de l'affaire qui ordonne la mise en accusation.

Dans les affaires soumises aux Cours d'assises
(*Lagmandsret*), le jury décide sur la responsabilité de
l'accusé, mais il dépend de la Cour de lui poser sur ce
point une question spéciale. Des médecins. nommés
comme experts par la Cour ou par le juge d'instruction.
ou consultés par le Ministère Public. suivant les cas.
sont chargés d'émettre un avis motivé sur l'état mental
de l'accusé. Si ces différentes juridictions ne se trouvent
pas suffisamment éclairées par cet avis, l'accusé peut
être mis en observation dans un asile d'aliénés.

A l'heure actuelle, il n'existe pas de régime spécial
pour les individus renvoyés de poursuites ou acquittés
comme irresponsables. C'est à la police du lieu qu'il
incombe de faire interner les aliénés considérés

comme dangereux pour la sécurité publique. Quant à la durée de la détention, elle dépend exclusivement de ceux qui sont chargés de la direction de cet asile.

En 1895, on a créé à Frondhjem un petit asile d'aliénés criminels. ne comportant que 15 places. Le placement dans cet asile. qui présente beaucoup d'analogies avec la prison-asile de Perth (Écosse). est ordonné par le Ministre de la justice qui statue également sur la mise en liberté de l'interné (1).

Un projet de Code Pénal est actuellement soumis à l'étude d'une Commission extra-parlementaire. C'est l'article 39 qui règle la question des aliénés criminels.

XV. — *Suisse*.

La Suisse ne possède pas de législation fédérale sur les aliénés. Il y a même des cantons qui n'ont à cet égard que des usages locaux.

Pourtant, dans le canton de Tessin, il y a des textes législatifs soumettant l'aliéné criminel à un régime spécial. Ce sont les articles 1 et 2 de la loi du 8 mai 1893, qui complètent les articles 46 et 47 du Code Pénal du 25 janvier 1873. d'où il résulte que l'autorité judiciaire a le droit de prescrire l'internement. dans une maison d'aliénés. de tout individu acquitté pour dé-

(1) Pour les détails, Voir *Revue*, 1897, p. 807.

mence, et qui paraîtrait dangereux. Cet internement est confié aux soins de l'autorité administrative. Si la responsabilité de l'accusé n'est que partielle « le juge reste autorisé à descendre la peine de un à trois degrés » et « pourra décréter que la peine restrictive de la liberté personnelle sera subie, aux frais de l'Etat, dans un asile d'aliénés tant que lui-même n'aura pas révoqué la mesure prise..... » (Article 47).

Durant la période d'instruction, l'irresponsabilité est déclarée par le procureur public sauf appel à la Chambre des recours. En dehors de cette période, et lorsque les Cours d'assises sont saisies de l'affaire, la déclaration d'irresponsabilité émane des Cours d'assises de districts pour les délits peu graves, de la Cour d'assises cantonale pour les crimes, sauf, dans l'un, et l'autre cas, recours à la Cour de cassation. Une double question est posée au jury : celle du fait commis et celle de la responsabilité.

L'internement et la libération ne sont ordonnés que sur avis donné par des experts désignés par le juge (article 101). Mais avant de donner leurs avis sur l'état mental de l'accusé, ils peuvent demander, et le juge prescrire, qu'il soit interné dans un asile et mis en observation pendant 60 jours au maximum : mesure qui est ordonnée, dans la période de l'instruction, par la Chambre de recours, et qui peut être prise par la Cour d'assises même pendant les débats (article 107).

Il n'existe pas d'asile spécial pour les aliénés criminels : actuellement ils sont internés dans un asile ordinaire ; mais dans l'asile en forme de village, qui va être établi à Mudrisio, on créera une section spéciale pour ces malades (1).

(1) *Revue pénitentiaire*, p. 808-810.

Vu : le Président.

SALEILLES.

Vu pour le Doyen. L'assesseur :

GÉRARDIN.

Vu et permis d'imprimer :

Le vice-recteur de l'Académie de Paris,

GRÉARD.

TABLE DES MATIÈRES

VANNES. — IMPRIMERIE LAFOLYE

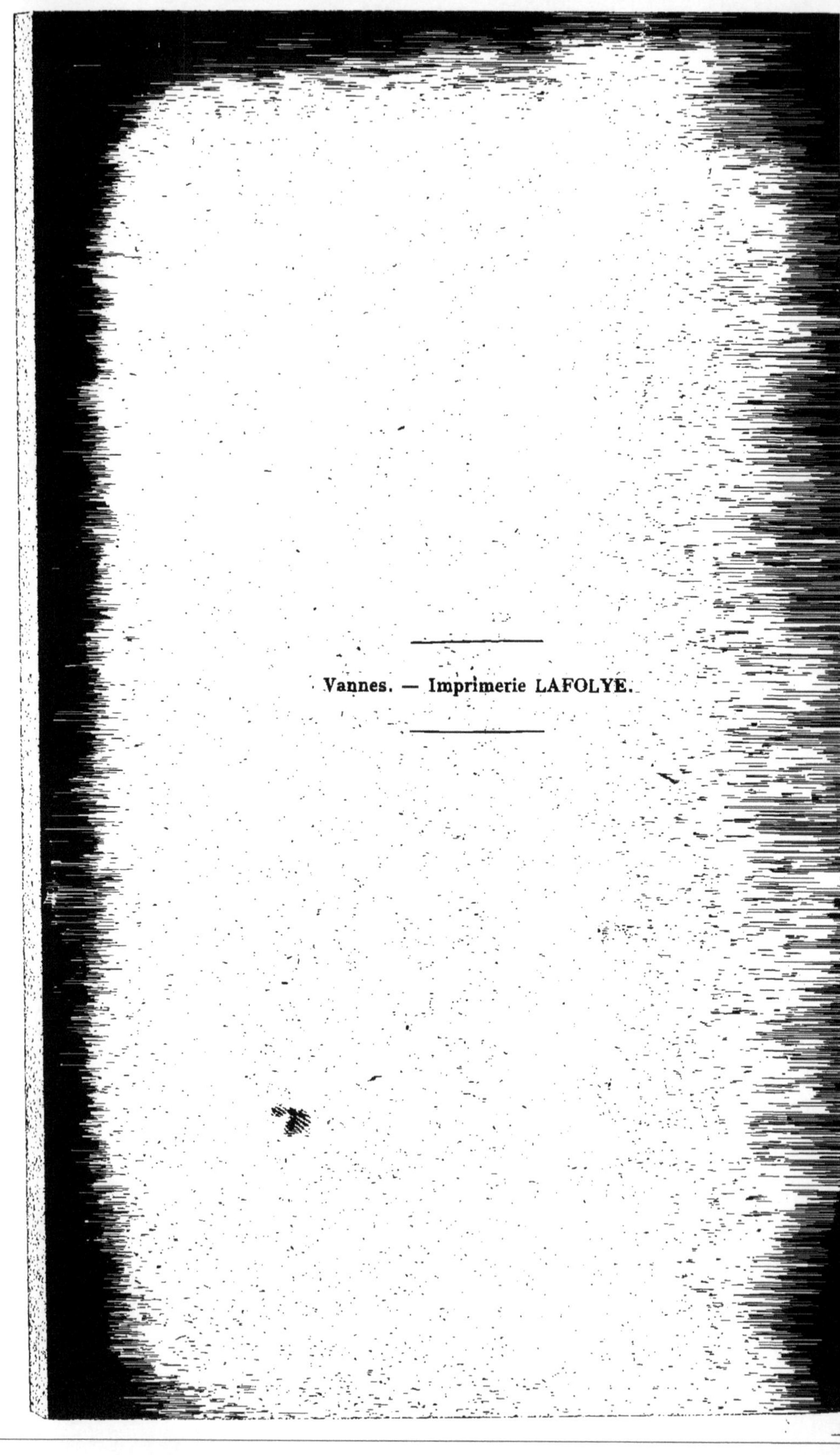
Vannes. — Imprimerie LAFOLYE.

www.ingramcontent.com/pod-product-compliance
Ingram Content Group UK Ltd.
Pitfield, Milton Keynes, MK11 3LW, UK
UKHW021216140726
13695UKWH00002B/579